近代上海繁華錄

近代上海繁華錄

唐振常主編　　臺灣商務印書館發行

目錄

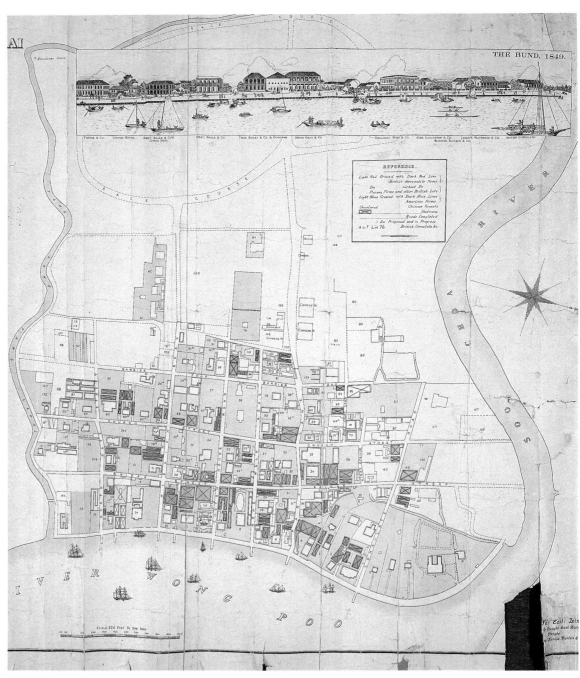

上海地圖，1855年。

上海地圖，二十世紀三十年代。

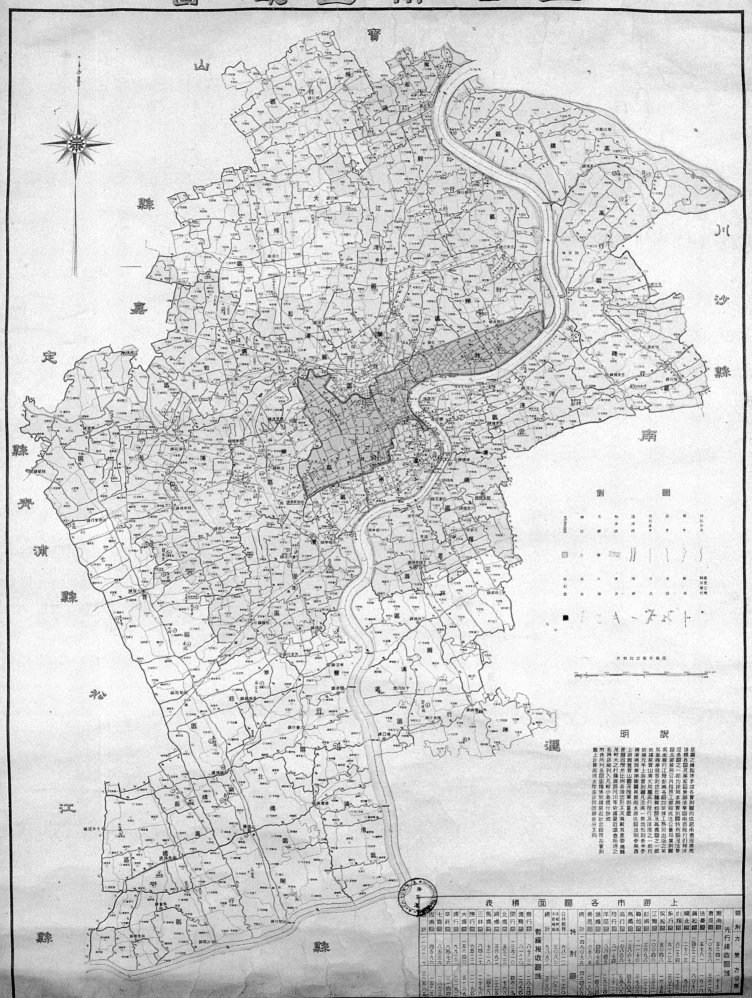

海，這個國際聞名的大都市，曾經有過昔日的繁華，如今面臨着國際的挑戰和國內城市的奮起直追。昔日繁華，包含着陰暗面與值得炫耀於全世界的奪目光彩。出版這本圖文相配的册子，非爲緬懷那逝去的繁華，而是希望瞭解過去，考慮今日，策勵將來。

上海建城，於玆七百年，在古老中國，其歷史可謂甚短甚短。七百年之前，所謂上海，無非蓑爾漁村。以漁爲利，以鹽漸興，積漸而成水上交通碼頭，此後設鎮，繼而建縣。其時也，所謂上海，最多不過是一個三等以下的小縣，然而，數百年間，到了本世紀二、三十年代，一躍而成爲世人矚目的中國城市，内貿外貿，居全國之冠；金融之盛，在世界居於前列；工業之發達，在國內没有一個城市能望其項背，在全世界亦屈指可數；市政設施先進，居民稱便；文化發展一日千里，文化事業幾佔全國總數之半，全國的先進文化運動，多從上海發端，更進而有與京派文化相頡抗的海派文化從這裏誕生和發達；社會繁榮，五光十色，在在耀人。人或稱之曰遠東明珠、東方巴黎，其實這種稱謂並不足以涵蓋上海的全部內容。上海就是上海，它是當年中國近代化程度最高的城市。

上海最優越的地理條件是水上交通的便利，可以稱之爲有江（黃浦江）、湖（太湖）、河（蘇州河）、海（入海口）之利，水陸相接，直通大海，上海是以港而興商、以商而興市的典型城市。上海也是著名的移民城市，它和内陸城市顯著不同，在這裏，很少有住居百年以上的世家大族，土生土長的上海本地人也極爲有限。全國各地的人來到這裏謀生求發展，廣東上海人、寧波上海人、蘇北上海人舉目皆是，文化歷史的沉重負擔較少，因而有利於競爭機制的發展。一八四三年開埠以後，各國人民抱着各自的目的相繼來到上海；後來，上海的外國移民之多，在世界也居前列。五方雜處，華洋雜居，對於文化的交流溝通、社會的繁榮、工商的興盛，顯然起了不可忽視的作用。其時也，上海是個充滿活力，充滿競爭的城市。上海話稱走路爲跑路，要在上海生存發展，在馬路上確實是要跑的，慢悠悠踱方步麼，對不起，請回到內陸城市去享受地主收租之益吧。

地理環境的優越與移民成分的衆多，並不就決定一個城市的發展。關鍵之點，還在人爲的臧否。上海靠海，以海爲生，明清兩季上海的盛衰，從海開還是海禁，就可見其端倪。明末因倭寇之患而禁海，正在發展中的上海經濟即行停滯。清康熙二十四年（1685年）部分解除海禁，設立海關，上海經濟有所復蘇。至雍正七年（1729年）海禁完全解除，緊隨而來的便是上海經濟迅速發展。請看一個事實：地方最高行政機構蘇松道署（管理蘇州、松江和上海地區），原設蘇州，海禁全開之後兩年──雍正九年（1731年），不得不將道署移往上海。顯然是當時上海已成為這個地區的經濟中心，故政治中心仍在蘇州便不能配合，不得不隨經濟的變化發展而遷移。至乾隆元年（1736年）又將太倉州併入，治所仍設上海，改稱蘇松太兵備道，民間習稱蘇松太道，或上海道、滬道，而它的另一個名稱，則是簡單明瞭的海關道，可見經濟的重要性已超過了政治地位。此後海運全禁，英國殖民主義的覬覦，終於產生了震驚中外的鴉片戰爭。

鴉片戰爭以前的上海歷史，已經證明了開放則生則興，鎖閉則死則衰。鴉片戰爭的失敗，訂立了城下之盟，上海被迫開放。上海之所以成為上海，之所以成為名震世界的大城市，其飛躍的發展，無疑是在一八四三年開埠之後。歷史的不幸，無過於帝國主義者侵略中國主權而在上海設置了租界，設立了公共租界與法租界內的政權組織，其行政、立法與司法，均為中國所莫能干預，成了"國中之國"，其對於中國的侵略與罪惡，彰彰易辨。歷史的奇異，也無過於這種和侵略與罪惡而俱至的西方文化、價值觀念、法律準則，乃至市政建設管理、政權結構等等，包括精神與物質兩個層面一系列的思想與事物，一經傳入，上海人初則驚，繼則效，上海乃生巨變，並經由上海而影響於全國。

一九四九年以後上海發展變化的歷史，一面是換了天地，積污清除，另一面則是昔日活力逐漸減弱，昔日優勢逐漸喪失，上海人的跑路變成了走路。當改革開放之風勁吹之時，上海人發出了重振上海雄風的呼聲，決策者提出了相應的措施。在這股改革開放之聲中，我們幾個上海史研究者，精選舊日各個方面所存的圖片，配以文字，編寫而成是書，其所期望，無非是借此產生一些引發。儘管在本文首段，提出了"瞭解過去，考慮今日，策勵將來"三語，很可能言過其實。所寫者史，所望者今，如斯而已。

我們感謝香港商務印書館惠允出版，始終如一予以幫助，並共商編選與寫作之事。此外，宋鑽友、管一明二君也為本書出力甚多，一併謝之。

第一章　概述

上海，是隨着近代世界工業化的發展而崛起的城市。在開埠以前，它只是中國江南一個並不起眼的小縣城。然而，在整個中國社會由中世紀向近代化轉變的過程中，上海脫穎而出，一躍成為世界性的重要港口城市；它的發展與繁榮可説是近代城市開發史上的奇迹。多少年來，許多人都對這座富有魅力的城市懷着濃厚的興趣，並試圖找出開啟這座城市奧秘的鑰匙。

古代的東南名邑

要發掘這個大都市的奧秘，就須先回顧縣城上海的歷史。

"上海"，得名於"上海浦"。它處於長江三角洲的最前沿，滄海桑田，歷經變化，漸行成陸。宋元之際，人稱江之北一片為"下海浦"，江之南為"上海浦"。宋咸淳年間（公元1267年前後），上海浦異軍突起，取代了原來處於牛耳位置的經濟重鎮青龍鎮（今松江南岸），成為了商船停泊的要點，後來進一步發展為鎮。及至元代，又正式設為上海縣，擴展市舶司，管理中外商船和徵稅事宜，使它搖身變為全國七大市舶司的新貴，為上海的發展史揭開新的一頁。

開埠以前的上海，其實並非荒蕪一片，明代它已建立了發達的植棉、紡織、漁鹽、海運等產業。但這些產業在清兵入關、馬踏江南之際，遭到了破壞。經過四十多年的休養生息，直到清康熙年間才得再度繁榮，尤其是沿海貿易異軍突起，成為上海最有希望的產業。上海先是富庶江南的貨物出口，後又發展為長江流域、東南沿海內外貿易的主要港口。從此，襟（長）江帶（東）海，連（太）湖通（運）河的上海，找到了符合自己性格的產業，開始了近代以來"以港興市"的歷史。

明清以來，上海人習於航海。他們的沙船壟斷東北亞，與福船、寧船並稱。據記載，乾隆年間，上海縣有水手七千，約有十分之一的人口賴水運及附屬各業為生。東門碼頭曾有泊船三千五百艘的紀錄。春秋兩季，風平浪靜，是運輸高峯。進口物資有：東北、朝鮮的五穀雜糧，山珍裘皮；閩粵的山海南貨、西洋珍玩；琉球、日本的銅鐵雜貨。出口大宗則是：大米、磁器、棉布及棉製品、絲、茶、書籍文物及各類文化用品，其中又以棉織品為最大宗。所謂"衣被天下，雖蘇杭不及"，不但反映出上海跟棉織業已結下不解之緣，也標誌了上海作為"東南名邑"的地位。

商業興旺同時也引進了完善的制度與組織：各方商賈匯聚上海，由於彼此風格行規相異，逐漸各自成立以行業兼地緣為宗的"會館"與"公所"，較著名如紹興會館、寧波會館、桂花會等。它們就是日後商會的前身。同時，隨着商業擴展，專門為船隻存放貨物、兌換貨幣的錢莊亦應運而生。據說在清中葉期間，上海已有約一百五十間大小錢莊，部分還拓展為近代的銀行。類似的組織與制度原初是商貿的產物，後來又反過來促進了商業

的發展，並替近代上海的躍進奠下
穩固的基礎。

十九世紀的中外貿易商埠

十九世紀下半葉，黃浦江中，
除了傳統的船隻之外，新來了西洋
巨桅汽船；岸上，新蓋了東印度公
司推行於東方各口岸的大班式洋
房；江海北關裏，出現了講英語、
法語和金髮碧眼的西方商人。

從此，上海出現了外灘租界的
外貿和十六舖的內貿相輔相成的港
市格局。黃浦江上，港綫延長了，
貿易增加了。上海不僅仍是內貿大
港（運量在四萬噸以上），而且一
躍爲外貿首埠。

內外貿易，把上海帶進工業文
明和世界經濟的體系中。大量的票
據劃兌，貨幣支付，吸引了江浙錢
莊和山西票號，也產生了新式銀
行；大宗的貨物採購和推銷，需要
更龐大的商業網絡；輪船修理業、
零配加工業、洋貨仿製業、外商服
務業……，種種行業，勃然而興。
外灘，便是這些新式行業的神經中
樞，成了上海的繁榮象徵。黃浦江
中進出的船隻，漸漸使岸上的職業
複雜起來，大班，通事，買辦，馬
夫，小販，鹹水妹，機器銅匠，奉
幫裁縫，古董商人，職員……一一
出現。

最初，上海的貿易還保持入
超，輸出的是棉布（南京布，輸往
印度、南洋）、磁器、絲、茶、藥
材；輸入的是銀元、鐘錶器物等小
宗產品。長江流域經濟因此大爲發
展。然而，幾年後由於太平天國在
江南造成了極大的社會動盪，使中

國經濟一落千丈，就在同時，英國
的工業及其對東方的貿易卻有更大
的發展。在這幾十年中，英國輸入
的鴉片更從中國的士紳普及到民
眾。這些變故使黃浦江中進出口貨
物的情況反轉過來，輸出的是白
銀、絲茶，輸入的是鴉片、棉布和
各類工業製成品。在上海繁榮的背
後，是清朝岌岌可危的經濟。

雖然如此，在西方人眼中，
"Shanghai"（上海）仍然是以
機會、財富和冒險而聞名的。稍有
資本，而略富勇氣者，都可去上海
試試運氣。但是由於中國政府無力
應付世界事務，僑民組織又剛剛建
立，因此這段時期的上海亦被稱爲
"無法無天"的社會。從中國內地
湧來了大批移民，富者變爲豪商，
貧者淪爲苦力。這裏又成了向美
洲、澳洲輸出勞力的中轉港。一時
之間，"Shanghai"又成了人口
拐賣、矇騙、發財的代名詞。

近代中國經濟、文化樞紐

二十世紀，上海經濟成了中國經濟的火車頭，也成了晴雨表，新式工業、商業、金融業透過上海和全國經濟結合生根。英商發現上海以前只是一個貿易場所，現在它成為一個大的製造中心；上海的民族資本，無論在數量、資本額或產值上，都佔全國的一半以上。其發展迅速的金融業，更常常對全國政局有着重要的影響。

乘着歐洲各主要國家捲入第一次世界大戰，無暇東顧，上海的民族工商業不僅佔領了許多國內市場，而且還着力開拓國際市場。上海相對穩定的環境，也吸納了不少歐美資本，在一次大戰到二次大戰期間，上海一直是遠東投資環境最佳並且吸納外資最多的地區。1931年，進入上海的外資達十二億美元，中外商人競爭激烈。上海步入了中西經濟、政治、文化匯流交融、一體化競爭發展的新時期。十九世紀時期築成的中西相隔的社會藩籬也漸漸和悄悄地被拆除了，此時甚至有人稱上海是中西兩個世界中間的城市。

外商進入上海投資與定居，同時將先進的管理生產、工藝技術、知識見聞引進外灘，結果大力推動它脫離原有的發展軌道，加速城市化的過程。且不談在兩個租界中，建造着西式房舍，興辦着新式企業和學校，推行着洋化教育，實施着西方制度；就是在華界，在一般上海人身上，西方的影響亦是無處不在。其中洋涇浜英語便是上海的特

產，更象徵了中西的融合。從經濟層面來看，這現象就更加明顯了。中國銀行擠進了江邊黃金地帶；華商投資存款於滙豐、花旗等外資銀行；工部局中有華人參政；南京路一帶，更是華商天下，四大公司、國際飯店、保險公司，無不利權自握。致富的外僑，在上海娶妻生子，開辦學校，設立公墓。吃喝玩樂、生老病死的設施一應俱全，於是很多外僑樂不思蜀，自稱為上海人。數十萬僑民與數百萬華人共同居住，為上海為自己的前途而拼勁工作。中外攜手聯合，又不斷衝突，使上海成為一個有多元文化而

充滿矛盾，穩定中時有躁動的現代化大都市。

從1843年開埠，至二十世紀初年，上海在幾十年之間，已發展成為華洋雜處、具有多元文化的近代大都市。隨着經濟不斷發展，上海的文化事業也齊頭並進。西學東漸，上海率先扮演橋頭堡的角色，充當瞭解西方、學習西方的媒介。在近半個世紀內，上海已先後建立了一系列傳播西方知識的組織，如翻譯館、學會、新式學堂、醫院、出版社等，而不少以報道新知識為任的刊物也以上海為出版基地。站於吸收西方知識的前哨位置，上海又發展出獨一無二的"海派"文化，滲透於文學、戲劇，甚至生活模式裏。上海被稱為啓蒙、開創、融會與發揮新知識的"中國大門"或"中國熔爐"，實在當之無愧。

大上海——遠東第一大都會

至二十世紀初期，上海已攀上遠東金融中心的首位。它的近代化為中國史書寫下了不少個第一：第一家煤氣廠、首家電力廠、第一個女子學堂、最早的機器棉織企業……。總之，上海就是充滿着大都會的魅力，也為創業者與投機者提供了無限的機會，創造了無盡的夢想。

回溯上海開埠的歷史，它是西方首批要求開闢的五個通商口岸之一。嚴格來說，上海不算是殖民地城市，但它仍是十九世紀前整個殖民運動東漸過程中的一環，它屬於和孟買、馬德拉斯、加爾各答、西貢、新加坡、香港、馬尼拉、大連、青島等一個系列的城市。

一個世紀的歷史表明，上海在同類新興城市中是獨佔鰲頭的，它在此系列城市中，最能成功地轉化為一個現代工商業城市。上海的高速發展固然和租界裏採用了西方制度有關，但值得注意的是，當時同樣或更徹底地推行英法政治、經濟、社會制度的其它東亞城市，卻並未取得像上海這樣的成果。這不能不說是由於上海具備了得天獨厚的地緣優勢，上海靠近中國的人口、經濟、交通、文化的中心地帶，它位於中國南北海岸綫的中點，是富庶的長江流域和新興的東南沿海的交匯點。在進入二十世紀海運時代的中國，就形成了以上海為中心的方位觀。人們稱日本為東洋，稱朝鮮、東北為北洋，稱澳洲、東南亞為南洋，稱印度以西為西洋。上海的吐納進出，也真的可說是遠東第一東亞中心。

本世紀三十年代末，上海人口劇增至五百萬，躍為世界三大城市之一，它的城市建設和產業都與其人口規模相當。戰後，建立了以上海為中心，通達東亞各港口的水運、空運航綫，聯合國、各大國和各大公司的東亞總部都遷來上海，美聯社的亞洲總部也從東亞來滬。四十年代，上海的紡織、金融、運輸、造船、機器製造、電器、輕工、化工等現代產業都在亞洲稱為第一流。此時，人們經常拿來和上海比較的已經是倫敦、紐約、柏林和東京，人們稱它為"西邊的紐約"、"東方的巴黎"。

1

1, 2

明代沈士充所繪《峯泖圖》，重現了
上海青浦一帶的湖光山色和風俗民
情，是上海傳統生活的寫照。

2

3

二十世紀三十年代繁華璀璨的大上海。

JOHN HAIG

Bird's Eye

ew of the Nanking Rd. S'hai

河州蘇海上
On the Soochow Creek — SHANGHAI
Der Suchow-Strom — SCHANGHAI

4

5

6

以港興市

上海憑藉其襟江帶海的優勢，成爲內外貿易的重要樞紐。

4

蘇州河，亦稱吳淞江，是上海與其江南腹地聯繫的重要水道，對於上海的經濟發展有密切的關係。

5, 6

吳淞江至黃浦江順流長江直通大海，二十世紀初年經幾次疏浚航道，萬噸級的巨輪都可在其下游通行，成爲近代上海外貿的重要通道，促進了上海的交通和航運事業。

7

現在上海市市標畫有沙船，就是由於它曾促進上海城市的興起和繁榮。沙船是爲適應北洋海道水淺沙多的特點而製造的一種平底船。上海的沙船業興起於元代，用以運輸漕糧。到清中葉，上海已有沙船三千六百艘，每日滿載貨物來往於各地，上海也因此躍爲東南沿海的商業經濟重鎮。直到機器大貨輪進入上海，沙船的影響才逐漸減少。

8

上海吳淞漁港，桅檣林立，一片繁
忙。

9

近代機器輪船的出現，大大便利了遠
洋貨運。到1890年時，輪船已佔進出
上海的外國船舶總噸位的86.9%。從
內貿到外貿，二十世紀初的上海已躋
身世界的經濟體系中。

8

10

11

10

上海的外貿在開埠後迅速增長。1863年，到滬港外國貨輪三千多艘，卸貨九十六萬噸，是廣州的四倍，躍爲中國外貿首埠。圖爲二十世紀初年，上海重要的貨運碼頭之一——外虹口碼頭。

11

堆積在虹口碼頭上的進口洋貨。

12

中國各地的農產品、手工製品都是經上海口岸輸往海外，所以上海是當時中外貿易的重要橋梁。這是開埠以後上海口岸包裝出口的茶葉。

13

上海口岸出口的草帽。

14

15

交通

交通發達大大促進了上海各方面的發展，也使它具備了現代化都市的必要條件。

14

鐵路是跨越傳統與現代的象徵。1876年，怡和洋行修築了中國第一條正式的鐵路——松滬鐵路，長達三十華里。圖爲一列火車頭"先鋒號"（Pioneer）運抵淞滬鐵路。

15

1876年10月，清朝地方官員因害怕承擔變革的責任，以二十八萬兩銀子將淞滬鐵路購去拆毀。後因時勢所趨，清政府委派盛宣懷再築，於1898年9月1日完工通車。

16

1920年，淞滬鐵路出現了第一輛新式蒸汽機車，令上海的交通步入了新紀元。

16

17

17

滬杭綫上的上海南站是南中國進入這
東方都會的孔道。

18

1907年建成的上海北火車站，是滬寧
鐵路終站。各色人等，各種車輛，川
流不息。1937年毀於戰火，後重建。

18

19

20

21

22

19

1908年，上海第一輛電車首先在法租界通行。

20

同年，公共租界也開始通行有軌電車。

21

1914年，無軌電車出現於上海，由英商上海電車公司首先採用。

22

清末上海電車工人出勤前，都須領出勤牌。

23

24

25

電訊

電訊的發展改變了上海的
交通結構，也促進了上海
的貿易和城市的近代化。

23
1861年，海底電纜將上海──香
港──長崎溝通起來。1881年，上海
更出現了電話。上海人將電話稱為
"德律風"（Telephone的譯音）。
圖為上海早期電話局接綫員。

24
上海街頭的公共電話亭。

25
1923年上海第一個無綫電台啟播。圖
為上海某無綫電台演播室。

26

27

26

1896年，中國第一間郵局——大清郵政總局設於上海，於是上海成了全國的郵運中心，也是中國對外國際郵運的樞紐。圖為1922年建於四川路的上海郵政大樓，至今猶為上海郵政總局。

27

二十年代上海的郵遞員整裝從郵局出發投遞郵件。

28

上海郵電汽車隊在運送郵包。

29

隨着上海至南京的飛機綫於1927年開闢，中國出現了航空郵件。郵遞服務發展一日千里，上海出現了第一家地區性航空郵局——虹橋郵局。

28

29

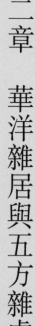

上海的開埠和租界的開闢改變了上海這個城市的歷史命運，但對於上海社會具有真正意義的變化，則始於十九世紀五、六十年代。

自1855年太平天國起義以來，中國最富庶的江南地區發生了極大的混亂，大批江南人士為逃避戰爭，湧入上海。他們突破了逼仄狹隘的舊縣城，進入外國人居住的租界，打破了原先華洋分居的局面。外國僑民因為從房產漲價中獲利，所以不顧領事的勸阻，歡迎華人移居租界。中西文化因而得以交流並不斷互相衝擊，一種新的生活形態和運作方式由此展開。有人如此描繪：「這裏（指上海）不單是有各種各色的人，同時還有各種各色的人所構成各式各樣的區域、商店、總會、客棧、咖啡館和他們特殊的風俗習俗，日用百物。」這種種形態都是居住在上海的華人和洋人前所未見的。就中國人來講，他們必須在這裏適應和建立一套與過去截然不同的意識觀念、行為方式；對外國人而言，從房地產到市政，他們的利益乃至生活直接地跟這塊陌生的土地聯繫在一起。

華洋雜處在政治上也造成一畸形的局面，會審公廨制度就是其中的典型。華洋混居使中外糾紛紛至杳來，原本割區而治的領事裁判權自然不敷應用，於是產生所謂華洋官員「會審公廨」制度。自此地方官吏的治權更被削弱，上海的租界頓成中國的「國中之國」和各地犯罪者的淵藪，同時也成為冒險家的樂園。

殖民的歷史充滿了血腥和民族壓迫，上海的開放同樣也是處於這種不平等的背景下。但每個城市無疑都有自己發展和繁榮的力量，並且一定會在發展過程中顯示出來。從這層意義來看，上海也深刻地塑造和改變了居住在其間的中外人物。華洋雜居，五方雜處，最後被融入共同的社會生活，儘管其中有許多不和諧與矛盾，但上海的生活卻極富創造性。人們總愛把上海比作一座熔爐，其間充滿了沸騰的活力。

一、十里洋場的起點

上海遠在外國人到達之前已是一個有規模的城鎮，但發展成為一個國際大都會，卻自英法在上海外灘開闢長十里的租界——所謂“十里洋場”開始。

鴉片戰爭之後，1842年8月訂立《南京條約》，確定廣州、福州、廈門、寧波、上海五口通商，1843年10月增作具體規定，准許英人在五地租地建屋居住。外國商人、傳教士在領事官的率領下，急不可待地直趨上海。同年十一月，英國倫敦會的傳教士雒魏林（William Lockhart）和英領事巴富爾（George Balfour）一行六人到滬。在還未建立自己的領事館、教堂和行所前，他們有的暫借老城民舍，有的搭起簡陋棚屋，蜷縮匍匐在北門外的城牆下。11月17日，上海道台在洋涇浜設立西洋商船盤驗所，後發展為江海北關。當日就成為上海開埠紀念日和公共租界的誕辰，歷年都有慶祝。

1845年，美國聖公會文惠廉（William J. Boone）主教一行十人來滬，去虹口私自開闢美租界，1848年得到上海道台的正式承認。同年十二月，敏體尼（Montigny L. C. N. M.）領事所要求的法租界也得到批准，地在北門和洋涇浜之間。這樣三個租界連為一氣，在黃浦江邊逶迤數公里。而巴富爾、文惠廉、敏體尼就是英、美、法租界的三位奠基人。

1843年底，上海已出現了一個小小的“西方世界”。登記的商人和教士共有二十五人，開設了義記（Holliday Wise & Co.）、仁記（Gibb Livingstone & Co.）、寶順（Dent Beale & Co.）、怡和（Jardine Matheson & Co.）等洋行，還有印佈道文的墨海書館（London Missionary Society Press）。當年已經有七艘西洋船到來，繳納了四萬一千餘兩關稅。至次年，上海外國人口已達五十人，洋行十一家，稅銀十七萬二千餘兩。

起初，清政府希望把洋商圈限在租界自成一國，因而傾向讓他們租地建屋而不是向華人租屋，又限制華人之間在租界內轉讓土地或租屋。華商只得白天入租界，晚上回上海城。這種華洋分居的格局，清政府以為是上策，其實進取不已的洋商正是求之不得，遂了他們自治的心願。外僑逐漸從華人手裏轉租了土地。

不過，清政府苦心經營的華洋分界策略卻被1854年太平天國戰爭搞亂了。這次戰爭一方面給予洋人進一步侵蝕清政府管理權的機會，另一方面也打破了華洋分居的局面。

經過一番經營，外國商人已累積了大量財富，太平天國戰火威脅租界時，洋人憂心忡忡，英美領事會成立了協防委員會，號召僑民參加義勇隊。租界四周築起了柵欄，開挖了壕溝。黃浦江上游弋的外國軍艦進入了戒備狀態。租界在形式上更獨立了，界內僑民還加強了自己獨立的管理政權體系。由外僑納稅人組織的 Foreign Ratepay's

Meeting實際上成了租界的立法議會。1854年7月，租界成立了統一的市政機構——工部局。除了立法、行政權以外，外國僑民在租界內還享有"治外法權"，司法也自成系統。至於華人在租界裏犯罪，原先必須送交清朝地方政府審理，但在1864年5月以後，爲應付租界內華人居民的大量增加，成立了一個由租界當局和清朝地方政府共同管理的中外混合法庭——會審公廨，審理有關華人的案件。這樣，租界當局實際上已攫取了原屬於清政府管理華人的權力。

戰亂時大量湧入租界避難的華商華人使房價暴漲。在可觀的房地產利潤面前，洋商紛紛中止絲、茶和鴉片貿易，改作房地產商。八百幢新房供"寓公"租用，從清政府批租到的土地迅速增值成天文數字。洋人反客爲主，租界竟變爲由洋人向華人再開放，這一切都非清朝政府和領事官始料所及的。爲了承認"華洋雜居"的現實，他們不得不修訂土地章程，允許華人進入租界。如果說1843年以前的各項條約簽署是軍事失敗的話，這以後清政府便一次次嚐到商業和政治上的失敗。

所謂十里洋場的租界範圍，隨着近代城市規模的擴大，也在延伸。英租界起先只有一百三十多英畝，1893年已達一千三百多英畝。至1899年英美租界合併爲公共租界，面積已有5583英畝。法租界最初僅56公頃，後來擴大了二十倍。上海人最初把租界叫做"彝場"，有點鄙夷的意思，後來看到租界發展迅速就改口稱"洋場"。十里洋場，泛指了上海租界。一個新的城市就從上海舊城的北面，像墨一般滲透、擴展開來。

1

租界

"租界"原是中國政府將土地的使用權租給外國人,以便他們經商、投資。由於清政府腐敗無能,外國人在上海不僅日益擴張租界的範圍,而且攫取了界內的立法、行政、司法等中國主權,使之成為"國中之國"。

2

4

5

3

1
上海租界的界碑。現藏於上海歷史博物館。

2
上海的大門是被英國軍艦的大炮轟開的，因此游弋於黃浦江上的外國軍艦就成爲租界存在的強大依據。

3
依靠海軍陸戰隊及其裝甲車的威嚴，外國人維持了他們在上海的特權。圖爲外國海軍陸戰隊在滬接受檢閱。

4
美國聖公會傳敎士文惠廉是上海美租界的創始人。

5
現存於上海歷史博物館的美租界界碑。

6

7

租界的管理者

1854年成立的工部局（Shanghai Municipal Council）是公共租界的市政機構。設有商團、警務處、衛生處、工務處、教育處、財務處、公共圖書館、音樂隊、華文處等辦事機關。

6

這是建於1913年的工部局大廈。位於福州路、江西路。現為上海市政府的一部分。

7

公共租界工部局的最高權力機構為董事會，其董事人數根據實際需要由最初的五人增至1930年的十四人。圖為總董的座椅。

8

1862年，法租界脫離工部局管轄，成立了自己的行政機關——公董局，獨立管理法租界。圖為建於公館馬路（今金陵東路）的公董局。該址現已不存。

9

法租界公董局的徽記。

10

1909年，法租界向西擴展，公董局遷入霞飛路（今淮海中路）。圖為新公董局局址。

8

9

10

11

12

會審公廨

會審公堂制度始於1869
年,會審公廨(The Mixed
Court)是中國政府設立
在租界裏的一個中外混合
型司法機關。主審官由中
國官員擔任,租界內華人
的案件由主審官直接處
理;華洋之間的糾葛,由
外方參預會審、陪審或聽
訴。因此中外之間不同的
司法體系也常常在這裏發
生衝突。

11
1880年位於南京路的會審公廨。

12
搬到洋涇浜邊上的會審公廨,由通和
洋行設計,呈中西參半式樣。

13
清末會審公廨審理案件的情景。

14
民國時期會審公廨審理案件的情形。

13

14

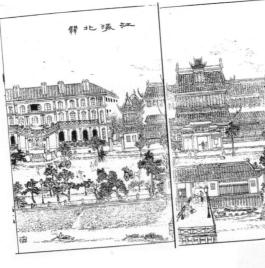

海關

上海關為商埠以後，海關稅務是一項重要的財源。1845年，上海道台在北門外頭壩南面浦設立了一個關署；1853年9月小刀會起義搗毀了關址。英國駐滬領事建議將徵稅機關建在租界內，並且以外國人管理。當時清政府急於得到稅款應付財政，就同意了此建議。

15
1857年建於英租界外灘的海關，為中國傳統衙署建築。

16
1927年新海關大樓落成。其屋頂上的大鐘是上海的標準時間，海關大鐘在上海眾所周知，猶如大笨鐘（Big Ben）之聞名於倫敦。

17
英國人赫德（Robert Hart，1835－1911），曾擔任中國海關總稅務司四十多年，實際控制了中國海關，並且將西方現代海關管理制度引入中國。

18
豎立於外灘海關署前的赫德銅像。

17

16

18

19

20

21

租界軍隊

1853年，小刀會在上海起義，公共租界當局組織了萬國商團（Shanghai Volunteer Corps）"保衛租界的安全"。1870年以後，商團移交工部局指揮，成爲工部局直接控制的租界常備武裝，以保證租界的行政獨立。

19
萬國商團的徽記。

20
工部局董事檢閱商團。

21
上海商團炮兵隊成立於1870年，圖爲炮兵隊隊伍進入公共租界的馬路。

22
商團是義務性質的，唯有1927年成立的俄國隊例外，它是常備的雇傭軍。圖爲俄國隊隊旗。

23
1905年，上海總商會在租界籌組了華人義勇隊——華商體操會，1907年該會加入工部局萬國商團成爲中華隊。圖爲中華隊在操練。

22

23

24

25

26

巡捕

上海自元代設縣以後,就設置了縣尉和巡檢司,這兩個衙門的職責就是"巡捕"——維持地方治安。當外國人把西方的Police Man引入上海時,上海人將它譯成"巡捕"。

24
正在操練的上海外國巡捕。

25
租界建立之初,外國領事雇用華人"更夫",鳴警報更,以行警察之責。當正規的警察制度建立後,中國巡捕(多為高頭大馬的山東人)也成為重要的治安力量。

27

26
1891年的公共租界警察總署——總巡捕房,位於福州路和江西路、河南路之間。

27
總巡捕房門景。

28

界內繁華

28
河南路最早稱界路（Barrier Road），
是租界與華界最初的分界綫，也是租
界內最早開闢的道路。

29
法租界的鬧市——霞飛路（Avenue
Joffre）（今淮海中路），築於1901
年，以法國將軍的名字命名。其繁華
程度足可媲美上海著名的商業街南京
路。

30
四川路是美租界早期越界而築的道路
之一。它是繼南京路、霞飛路之後，
上海第三條最繁華的商業街。

31
福建路原是公共租界南北向一條不寬
的馬路，二十世紀以後已成爲繁華的
商業市中心的一部分，以出售成衣著
稱。

30

31

二、外灘滄桑

上海開埠前，城北有一大片荒地，因由一個姓李的紳士所有，故稱"李家場"。1845年，英國領事手持上海道台頒發的《土地章程》，領了五十名英美商人、傳教士進入這裏。於是，像許多東方殖民城市一樣，上海也有了一塊被西僑稱為"Bund"的地方，而上海華人則一直喜歡把這一列地方喚作"外灘"。由1843年到1849年間，最早來滬的二十五家商行，一百多戶僑民居住在城北牆下的簡陋棚戶中。早上下雨，則衣被盡濕。下雪時，雪自窗隙進入。直到他們自己的固定建築完工以後纔陸續搬到外灘。滄海桑田，潮漲潮落，江邊之地"外灘"成了一百五十年大上海的象徵，成了有名的"上海灘"。

按《土地章程》規定，租地西人應在臨江建築與漲潮綫之間留下

二丈五尺寬的灘地，供纖夫與行人往來。但既是"寸金之地"，樓房的主人每次修建新樓又怎會退卻？一百五十年間，黃包車、轎車蜂擁而來，送走了馬車時代，又迎來了汽車時代。黃浦江是謙讓的，她年復一年的奉獻着。於是，外灘在膨脹，二十米、五十米、八十米……建築輪廓綫升高，兩層、五層、十七層……一個生氣勃勃的城市，便這樣向水平和垂直方向拓展。

在清政府眼裏，從蘇州河到洋涇浜這一段黃浦江岸，構成了"水式城牆"，正好把"夷性犬羊"的外國人與"生性刁滑"的上海人隔離開來。西僑首領、租界開闢者巴富爾也很滿意：在這裏，"我們的海軍可以停泊。在這些戰艦上，可以看到，必要時可以感到我們的力量。我們的政策是通過掌握這些大河，逼迫中國政府提供公正和適當的環境，只有這樣才能保持我們安定的商務關係。"令人感歎的是，這些軍艦果然在歷次動亂中，保持了租界的安定和商務的繁榮，甚至許多華人也以為軍艦和高樓的存在，是上海社會穩定的準衡。

事實上，這種想法也不是毫無根據的。外灘的香港上海滙豐銀行，是上海和遠東的金融領袖；滙中飯店、沙遜大廈是亞洲最豪華的飯店；《字林西報》是東方西僑的言論喉舌；上海總會裏，有世界上最長的酒吧；怡和洋行掌握着中國大部分的進出口業務；太古輪船公司主管着東亞大部分的航運；氣象台是亞洲的中心台……總之，外灘每一座大樓都匯聚了中國乃至遠

東的各種信息，成為東方總樞紐。

在激烈的競爭中，華商也在迅速崛起，甚至向洋人的世襲之地進攻。外灘最後建成的兩幢巨廈——海關大樓和中國銀行大樓，便屬於中國政府和華商所有。外灘公園那塊不准華人進入的告示牌終於在1925年被摘除；在高峯時，江西路靠外灘一側湧出近三百家中資銀行，形成與外灘抗衡的新"華爾街"。然而，在外灘上，華商的銳氣終究未敵洋人盤根錯節的傳統勢力。據說，中國銀行大樓原擬建三十四層，但被隔壁主人——跛腳沙遜仗勢一腳踢去十七層。

從開始起，外灘的建築風格便是西式的，早期唯一例外的是老江海北關大樓，屬衙門式。這一期的洋行建築是一種在馬德拉斯、孟買、澳門和香港都流行的"買辦風格"（Comprador Style），一種正方形的建築，沒有想象力，沒有建築藝術，但舒服涼快。大約在80年代以後，外灘的建築才開始按當時世界最高標準和最新樣式設計建造。匯中飯店有歐洲宮廷氣派，後起的滙豐銀行、海關大樓、橫濱正金銀行都用巨石壘砌成，採用廊柱，飾以雕刻，是典型的古典派的新文藝復興式建築。到了二十世紀二、三十年代，現代派的高層建築在外灘出現，像百老匯大廈、中國銀行大樓等。外灘的豪華高層建築，使當時上海成為繼紐約、芝加哥之後的世界第三個建有高層建築的現代都市。

外灘既已成為上海象徵，自然又變成一個記載歷史的地方。這裏

曾有過一座座的紀念碑和塑像。中外官商合力建立了赫德像（1913年，在海關前），紀念他為中國看管金庫四十八年。西僑建起了巴夏禮像（1890年，南京路口），紀念他創立了租界會審公廨制度。為紀念英、法、中等同盟國在第一次世界大戰中的勝利，又聯建了歐戰勝利紀念碑（1924年，洋涇浜口）。還有"常勝將軍"華爾紀念碑（李鴻章建，外灘公園南首），伊爾底斯紀念碑（1890年，德僑為紀念伊爾底Iltis號死難者建，外灘公園旁），馬加里紀念碑（1875年，外灘公園北首）。這些塑像寫就的歷史多是上海西僑的歷史。今天在外灘林木間已不復見其蹤迹。

32

外灘

32

1850年的外灘，嶄新的洋行構成開埠
後外灘的輪廓綫，穿梭如織的西洋船
隻組成了上海的另一幅歷史畫卷。

33

34

35

59

36

37

36
二十世紀二、三十年代是上海發展的
飛躍時期，此時上海已成為遠東最重
要的港口城市，圖為二十年代的外
灘。

37
到四十年代，繁華璀璨的大上海，已
聞名於世。

38

39

38

洋涇浜爲英租界的界河，南岸和北岸
分別屬於法租界和英租界。1914年經
築路塡河後的洋涇浜，被定名爲愛多
亞路。

39

二十世紀初年的法租界外灘──洋涇
浜外灘。

40

建於1907年的外白渡橋，連結了英租
界和蘇州河對岸的美租界。此橋也是
上海交通最繁忙、運輸量最大的橋
梁。

40

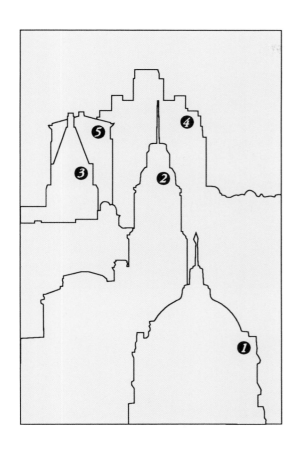

41

外灘最重要的建築標幟:

    (1)滙豐銀行大樓(1923年)。

    (2)海關大樓(1927年)。

    (3)沙遜大廈(1928年)。

    (4)百老匯大廈(1935年)。

    (5)中國銀行大樓(1937年)。

42

建於1906年的滙中飯店(Palace
Hotel),是外灘歷史最悠久的飯
店。其左邊是1920年後重建的渣打銀
行新辦公樓。再左即爲上海第一份外
文報紙《字林西報》的大樓,這是上
海最重要的外文報紙,也是西僑的喉
舌。

42

43

44

45

43

外灘除雲集了外商洋行、銀行、報館
外，也是各國領事館的集中地，如英
國領事館。北京路外灘的英國領事
館，建於1873年，是外灘現存最早的
建築。今爲上海外貿局所在地。

44

德國領事館。

45

法租界外灘（今金陵東路2號）的法
國駐滬總領事館，落成於1896年，現
已不存。

46

46
上海最早的公園——外灘公園（Bund Garden），地處黃浦江、吳淞江匯合口，因有沉船以至泥沙淤積成淺灘。1868年英駐滬領事文極司脫（C. A. Winchester）向上海道台應寶時申請作為西僑娛樂場所，經工部局填平後闢為公園。

47
昔日外灘矗立了一座座的紀念碑，異常宏偉壯觀。圖為外灘歐戰紀念碑（Shanghai's War Memorial）。

47

48

位於外灘公園的馬加里紀念碑
（ Augustus Raymond Margary
Memorial ）。

49

位於外灘的上海氣象台，原稱徐家匯
天文氣象台，1872年由上海天主教會
營建，曾是亞洲的氣象中心。

48

49

69

三、城南舊事

上海地處以物產豐饒、人文繁勝著稱的江南地區，但長期以來江南人的理想境界遠不是上海，"上有天堂、下有蘇杭"，一般人都嚮往蘇州、杭州繁華而不失寧靜，富庶而生活平均，交往便捷而又相對獨立，士農工商秩序井然，充滿了一種傳統的詩意。相比之下，上海只是一個瀕海邊邑，社會生活的色彩比較單調。

建縣以後一段很長的時期，上海連城牆也不需要，因為沒有人會進犯這個小縣。直到1553年年底，為了抵禦來自海上的倭寇繚築起了城牆，城牆呈圓形，周圍長九里。從此，城牆之內便成為上海的中心，初時也十分簡陋，僅十條街巷。十八世紀開始，由於清政府解除了海禁，上海受新興的海上貿易的刺激，迅速繁榮起來。街道發展到六十多條，並且跨越城牆延伸到城外。尤其是近大小東門的港區附近，商人雲集、百貨輻輳，碼頭上船舶密聚，帆牆如林，浦岸上摩肩接踵，人聲喧騰，一派熱鬧景象。為方便往來、逗留上海的商人、船員，各地鄉人在上海縣城內陸續建立了許多會館公所，"以敦鄉誼，以輯同幫"，著名者如徽寧會館、泉漳會館、潮州會館、四明公所等。同時，還出現了一些同業組織像商船會館、錢莊總公所等，協調同業間的業務活動，顯示出經濟的發展已達到了一定的水準。

然而，真正改變上海地位是開埠以後的事，興起於滬北的近代工商業城市很快就成為上海的重心，原來縣城的地位由中心跌落為南市一隅，此時歷經三百多年風霜的縣城城牆，亦破敗不堪。對以商品流通為主的上海地區來說，已無須昔日抗倭的城牆，人車貨物皆需從十三個狹隘的城門進出，於是象徵性的城牆反成了一種累贅，阻礙了經濟的發展，後經多番請求下終於被拆除，上海也因此舊貌換新顏，步入了新紀元。

近代上海就如同一架巨大的近代文明機器，攪亂了傳統的秩序，工業文明造成的現代城市生活方式也擠垮了舊時的審美標準。上海，成了時人嚮往的地方，越蘇杭而過之。"海上"之說被視為神話：那裏馬路寬闊，用鐵黎木鋪路；那裏平民商人亦可坐車挾妓，還有汽車、電車、洋油燈、煤氣、電燈、自來水……五彩奪目、七色斑爛。街道比蘇杭寬廣，大橋比蘇杭壯觀。上海洋行一份工資，抵蘇杭百畝良田。上海未必是按審美原則、但卻是按效率原則建立起來的城市，上海的實惠蓋過了蘇杭的詩意，改變了人們的"天堂"觀念。於是，江南人、甚至全國各地的人絡繹不絕地走向上海。

儘管沒有多少人會讚美上海那種注重實際的世俗式生活狀態，但人們卻享受到了它所提供的自由、便利和舒適。上海的開放與多元，向每一個普通人提供了各種各樣的選擇和機會，使每個人都有獲得成功、榮譽或者財富的可能。一大批中國的社會精英滙集這裏，施展着他們各自的才華。於是，上海被造就成現代中國的經濟中心、文化中心，但不少人總是把上海崛起的原因全歸於西化，而忽視了中國人建設這個近代化大都市的血汗和智慧。

曾經被上海人引為自豪的自然景觀——"滬城八景"，早已被高樓大廈所遮蓋，被機器的轟鳴所驚擾，殘存的"龍華晚鐘"之類，只是作為郊遊的風光而被保留下來。舊夢依依，餘韻裊裊，逝去的有時會化成一種懷戀。也許當年竭力主張拆除舊城牆的人們，今日則在呼籲修復城牆。但是，歷史的變遷卻不可逆轉，它不管人們在得失之間怎樣猶豫。

50

52

海上貿易

50
清嘉慶年間所繪畫滬城八景之一的
"鳳樓遠眺",展示了上海開埠以前
黃浦江"帆檣林立"的繁榮景象,不
愧為"東南之都會"。

51
上海的繁榮主要是依賴海上貿易,因
此當解除海禁後,上海又再呈現朝氣
勃勃的景象。

52
海運業向來是上海的經濟命脈,就連
上海最早的會館——商船會館,也是
由船商集資修建的作為祭祀和洽談商
務之所。圖為建於1764年會館的大
殿。

53
四明公所,俗稱寧波會館,是居留上
海的寧波人的同鄉組織,其歷史悠
久,規模巨大,影響廣泛,是上海同
鄉會館的翹楚。

51

53

54

55

56

舊城

54
上海舊城廂內商業也十分發達，在民國以後仍然保持了傳統的明清商業街格局，與租界的百貨大廈相映成趣。圖爲位於福民路售賣象牙製品的商店。

55
福民路售賣紅木物件的商店。

56
本世紀三十年代城廂內的烟雜店。

57
舊城廂內的各類店鋪廣告。

58

59

60

61

62

河與牆

城裏城外

63
城廂內居民傳統的生活一般較為清苦貧困。

64
過去居住在城裏的是有錢人,城外人對城裏人充滿了羨慕,希望將來終有一天也可進城居住。這就是進城的其中一個入口處——新北門的街景。

65
租界的發展超過舊城廂以後,進入租界成為值得慶幸的事情,城內的人反而成了鄉下人。圖為法租界與南市分界處的鐵柵欄進出口。

66
新北門是上海紳商為繁榮南市商務而新闢的大門之一。在1911年城牆拆除前後已囂然成市。

67
舊城牆拆除後的老西門。

63

64

65

66

67

68

69

寺廟庭園

68

城隍廟是祭祀、供奉各自城市保護神的地方。上海的城隍廟初建於十五世紀初葉，經歷代擴建修繕，到十八世紀已成爲縣城的遊覽娛樂中心。圖爲十九世紀末年的城隍廟九曲橋、湖心亭，全係磚木結構。

69

城隍廟屢遭火災，1922年再遭火焚毀後，由上海名流捐資重建，全部改爲鋼筋水泥建築。圖爲重建後的九曲橋與湖心亭。

70

上海西南郊之龍華寺，是江南著名的古利，建於五代時期（約907－930年）。每年農曆三月十五日，上海人都要去龍華寺瞻禮燒香，小販趁機設攤，形成廟會。

70

71

71
位於南市區舊城廂東北的豫園，原爲
明代四川布政使潘允端的私人花園，
取"豫（通愉）悅老親"之意，故名
豫園。經數次戰亂，屢遭破壞又重
修。園中的大假山爲明代堆積假山高
手張南陽所遺唯一眞品。重巒迭障，
洞壑幽谷，異常雅致。圖爲豫園的大
假山。

72
1926年修繕前的豫園湖心亭，完全是
清朝式樣。

四、華界奮起

上海市區是在華界、租界並存，租界各自爲政的狀況下逐步發展的，上海縣城城廂內的南市商業繁榮的程度，原來是超過租界裏的北市的。但上海舊縣城本就是明清時代中國傳統城鎮的格局，在發展蓬勃的近代工商業面前，更日益顯得街衢狹窄、迴旋無地。加上近代人口劇增、管理鬆弛，造成頹垣淤河，舉步惟艱，南市的商業因此逐漸轉移向更有潛力的租界發展。在租界日盛，華界日衰，南市的舊市政又明顯阻礙了工商業發展的情況下，許多地方上的有識之士，乃四出奔走呼籲改變華界的落後面貌。在這一輩熱心人士的推動下，清政府委派官員負責南市興築馬路、拓

寬街道的事務，成立了上海南市馬路工程局。在清末地方自治運動中，上海地方紳商組織"城廂內外總工程局"接替原來官辦的工程局，作爲南市華界的市政機關。隨之，城內便開始陸續進行大規模的填浜改流，修築道路，整潔市容環境的工程。至二十世紀初年，縣城的面貌得到了很大的改善。民國建立之初，那道阻礙南市發展的城牆被拆除了，南市與租界就連成一體，先前互相分隔的狀況得以改變，也爲上海的進一步發展提供了方便。

早於1898年，清政府考慮到吳淞地據海口、控制上海的優越地理條件，加上黃浦江淤塞日趨嚴重的情況，就決定在吳淞開闢商埠，試圖將上海繁榮的工商業導向那裏。清政府頒布了與租界同樣優惠的租地章程，以期吸引外商和華商投資吳淞。同時，吳淞的馬路建設也迅速展開。後來，由於工部局疏濬了黃浦江，使進出商船通行無礙，加上清政府本身也未能籌集到開發所需的巨大經費，於是吳淞的開發計劃就陷於停頓。

幾乎與此同時，閘北則一舉開發成功。所謂閘北，指老閘橋以北地段，向稱落後。1898年，英、美租界正式合併，租界進一步擴張，閘北成了與租界毗鄰的地區，自然也成爲租界當局越界築路的對象和繼續進行擴張的目標。在這情勢下，爲了能保住閘北，避免其淪爲租界的一部分，必須加速其繁榮，縮小它與租界的差距。1900年，閘北紳商就聯合上海、寶山兩縣人士

組成"閘北工程總局",開始在閘北興築橋梁、修建馬路、開闢商場。經過十多年的建設,閘北的交通幹道建立起來並且貫通租界。重建的淞滬鐵路和新建的滬寧鐵路兩個車站都位於閘北地區,這裏一躍成爲上海通往外地的陸路交通樞紐,工商業迅速崛起。昔日荒烟蔓草之地,在很短的時間裏變成道路通敞、樓房櫛比的鬧市。

以向租界市政看齊爲主要內容的華界市政近代化運動,從二十世紀初開始取得成效,使華界的市政有了大規模的改進。而整個近代大上海的城市面貌,與蓬勃興盛的上海工商業也因此相得益彰。

國民政府於1927年定都南京後,鑒於上海在世界和中國的特殊重要地位,將上海設爲特別市(後改爲直轄市),並根據發展的需要重新劃定上海的範圍,使其面積達到了494.67平方公里。國民政府制訂了"大上海計劃",力圖打破"三界兩方"(三界即華界、公共租界和法租界)的多元局面對上海發展的障礙,並爲促進其進一步的繁榮創造條件。"大上海計劃"是第一個中國人自主設計的近代化城市建設計劃,它包含着振興華界,與租界抗衡的意圖。此項計劃試圖保持和發揚近代上海以港興市的優勢,選擇在黃浦江下游建造虬江碼頭,並將吳淞開闢爲新港,在遠離市區的江灣區一帶約七千餘畝土地,建設新上海的市中心區域,以此爲基礎重新布局上海城市,整治、改造交通網絡,使上海有更廣闊的發展餘地。

從1929年到1937年,大上海計劃實施了第一步建設新市中心的工作,開闢了江灣的交通幹道,建造了新的市政府機關和體育場,博物館、圖書館,市醫院和衛生檢驗所等。1934年11月又開始建造虬江碼頭的第一期工程。一切大有方興未艾之勢。

但是,日本帝國主義侵華的炮火驚碎了上海人建設的夢想。從一二八到八一三,上海華界炮火遍地、硝烟彌漫,上海遭受到歷史上空前的浩劫,江灣、吳淞、閘北滿目瘡痍,頓成一片廢墟。當日本侵略軍的鐵蹄踏進上海後,上海的經濟和市政陷於無可挽救的衰竭。處於"孤島"地位的租界雖然仍有着畸形的發展,但也已不同於業已消逝了的昔日繁華。

73

74

舊城變貌

73
1912年城牆拆除後的小東門地區，其市容面貌已經與租界的繁華地段相似。

74
二十年代的南市，已經是店舖林立，異常繁榮。

75
華界陸家浜路東段，原來只是一片農田，但到三十年代已與現代化的都市無異。

76
二十年代華界修築馬路的情景。

75

76

77

78

79

80

81

開埠以後，上海的面貌迅速發生變化。以靜安寺爲例，1882年仍是一片鄉村風貌。那裏有最著名的所謂"天下第六泉"，外國人稱之爲Bubbling Well。

78
十九世紀末，靜安寺路（Bubbling Well Road）已經開闢。

79
到二十世紀初，靜安寺路已成爲一條現代城市中的寬敞馬路。

80
南市十六舖碼頭在十八世紀沙船業興盛時就形成。1862年美商旗昌洋行在此開設金利源碼頭，停靠客輪。後爲輪船招商局購得，主要用作北運漕糧的集中轉運站。後由美商購得，改稱羅斯福碼頭。抗戰結束後由招商局收回，易名招商局第三碼頭。現爲上海港客運專用碼頭。

81
南市王家碼頭是華界黃浦江沿岸的重要碼頭，建於淸中葉。後因貿易發展，碼頭重新擴建。圖爲擴建中的王家碼頭。

82

83

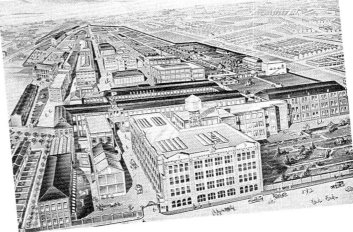

84

大上海計劃

82

大上海計劃下江灣市中心的規劃模型，中間是市政府的所在地。

83

建於江灣新市中心的上海特別市政府大廈。

84

大上海計劃中擬在黃浦江邊建設的工業區。計劃中斷後，當地被闢為江灣飛機場。

85

位於“大上海計劃”市中心區域行政區的上海市博物館。

86

與博物館相對而立的上海市圖書館。

85

86

91

87

1942年12月9日，日軍進入租界，佔領整個上海。

88

日軍的炮火把已建設成現代市區的閘北，化爲一片廢墟，從此，這裏成了上海最大的棚戶區。圖爲1931年一二八事變中被日軍轟炸後的閘北。

89

中國公學由清末革命黨人創辦於1906年，主要接納因抗議日本政府取締中國留日學生而退學歸國的一批學生。民國後逐漸成爲較正規的學校，培養了不少人材。

90

被日軍戰火毀壞後的中國公學。

91

淞滬鐵路在一二八戰爭中也受到了極大的破壞。

87

88

89

90

91

五、國際城市的異國風情

上海最早的英文報紙《北華捷報》曾指出從十九世紀六十年代起，"一切外國輪船，不論其最後的目的地是那裏，它都要先開到上海"。確實在近百年來有成千上萬的外國人，從世界各個角落湧來並匯集在這個"冒險家的樂園"。根據上海公共租界1930年10月的統計，當時長居公共租界的外國僑民就有三萬六千多人，來自世界五十個國家。1942年，居住在上海的外僑多達十五萬。上海曾經是與紐約、巴黎齊名的國際化都市，"世界主義"成爲其聞名四海的標誌。

最先到達上海的是一批英國僑民，接踵而至的是美國人、法國人……這些人當中有商人、傳敎士、官員、海軍和冒險家。初來乍到，他們對這塊陌生的東方土地多少有些異己的感覺，他們常常需要求得領事館的庇護和幫助。上海的領事館一天天多起來，各式各樣的國旗飄揚在天空，旗幟太多了，以至於能辨識各國旗幟，也可以成爲上海人炫耀自己見多識廣的一種資本。清末許多筆記雜著中都津津樂道地介紹識別各國旗幟的知識，好事者還附繪了詳盡的圖畫。

外僑們陌生和不適應的感覺，隨着租界裏做西方名物制度的建立，很快就消失了。當僑民們在這裏看到了自己習慣的生活方式時，又趾高氣揚起來，他們很快擺脫了領事的約束，指手畫腳起來。而迎合着他們生活方式的各種娛樂文化設施、社交場所也隨之一間又一間相繼建立起來。上海外僑總會、俱樂部之舒適、豪華，在遠東無與倫比，觥籌交錯，翩翩起舞，這裏似乎也洋溢着西方上流社會的社交氣氛。迷人的上海生活，竟使許多人忘記了鄉愁，忘記了身在異國。儘管不少人席捲了在上海所賺取的錢財，榮歸故里，但是，更多的人在上海"安居樂業"。因爲外僑們熟悉了這裏，甚至以爲自己就是這兒的主人。

漸漸地，來自倫敦、紐約、巴黎的時裝、香水等奢侈品在上海找到買主，租界的餐廳也擺出了巴黎的式樣、德式的牛排。每逢聖誕節和其他西方節日，外僑們都要按照自己的方式慶祝一番。發了財的大班們，住在寬敞的花園住宅裏，似乎根本並不在乎上海昂貴的地價。小商人、公司職員則住在時興的公寓，十分舒適、方便。只有那些流浪漢和海員，才住在虹口或更偏遠的地方，雖然他們棲身於髒亂的小客棧、破陋的小舢板，不過晚上做夢也總是夢見榮華富貴。

英國人熱衷於戶外活動。離租界不遠，就是長江下游的沙洲，蘆葦遍地，野鴨成羣，英國人在假期裏常常僱船前來打獵。更加吸引人的是賽馬。賽馬最早也是由英國軍官發起的，他們組織了一場撕紙追踪的競賽，第一匹獲勝的馬名叫"泥地"。另外還有划艇，上海的外僑成立了划艇總會，在蘇州河邊建立了俱樂部。英國人興致盎然地修改了平整的網球場、板球場。他們平常最喜歡在外灘的江堤邊緩緩散步。租界裏的異國情調越來越濃郁，外僑留戀這裏，再也不願意離開。上海建立起一座座外國人墳山，一塊塊銘刻着洋文的墓碑，記述了他們的來龍去脈……，上海簡直成了他們的第二故鄉。

在二十世紀以前，寓滬外僑中以英國人為最多，其次是葡萄牙人和美國人。以後，日本移民急劇增加，1915年左右已超過英國，成為上海人數最多的僑民。第一次世界大戰結束後，一些沙俄的王公貴族和舊俄軍人陸續流亡到上海，法租界收留了這批落魄的人。霞飛路的珠寶商店裏，一時間都是待價而沽的俄式金錶和銀飾，以及從俄國皇宮帶出來的古董。當能夠典賣的都典賣光了的時候，這些昔日的達官貴族，就迫不得已地過起了真正的流浪生涯。做看門人、保鏢，在街頭賣報、擦皮鞋，甚至於靠乞討為生。而白俄妓女在這裏更是馳名的，這時候在上海三流的酒吧，都能輕易地僱到一個舊俄宮廷樂師做伴奏；至於一流的芭蕾舞蹈員也只能在舞廳當伴舞，或者開一間舞蹈

學校招兩三個業餘學生混混飯吃而已。總之，在這些走投無路者的心中，似乎只有在上海這個冒險家樂園才能尋得活路，甚至於賣卜為生的吉卜賽人，在上海亦不少見。

從二十世紀二十年代中期起，上海已成了一座國際性城市，僑民人數在一千以上的依次為日本、英國、俄國、印度、美國、葡萄牙等。到第二次世界大戰期間，上海作為一個遠離歐洲政治紛爭和種族偏見問題的國際綠洲，更成為許多外國人的避難所。大量受到納粹迫害的猶太難民，整船整船地逃到上海，通常有二萬多人，因為上海是唯一可以不持有護照而被允許居住的口岸。

中西初會

92
起初，上海人對於金髮碧眼的外國僑民的生活感到不可思議，他們好奇地注視着爲贏得一座比賽獎杯而在街上排隊高唱的外國人。

93
在華洋雜處的上海，不僅華人喜歡看"西洋景"，外僑對陌生的華人社會、官場禮儀也感到新奇。他們也常常擠在人羣中軋軋中國人的"鬧猛"（滬語，意爲看熱鬧）。

94
每年7月14日，上海法租界四處懸掛法國國旗以慶祝法國國慶日。

95
在上海，英國人的生活與倫敦聯繫在一起，爲慶祝英王加冕，上海英國僑民在外灘舉行閱兵儀式。

92

93

94

95

97

96

97

生於斯死於斯

96
外僑在上海開設了不少娛樂消遣場所、俱樂部，重新建立他們所熟悉的社交生活方式，以排遣在陌生地方的異己感。這是位於大西路的外僑俱樂部。

97
1909年重建的英國上海總會，其酒吧擁有當時世界上最長的櫃台。

98
1920年10月在Kalee飯店午宴。外僑很快就忘記了鄉愁，展開他們熟悉的生活方式。

99
外僑的戶外活動。

98

99

100

101

100

位於靜安寺路（今南京西路）的鄉村俱樂部（Country Club），也稱斜橋總會，是當時英、美籍上流社會的社交娛樂場所。

101

1921年建成法國別墅風格的法國總會，樓頂爲屋頂花園，樓前有寬闊的大草坪。

102

參加生日派對。

104

105

103
1922年建於福州路、河南路的美國花旗總會。

104
1908年落成的德國總會。

105
在屋前的花園享受下午茶。

106

106

虹口是日本僑民集中的區域,這裏有
許多日本式的建築、餐廳等,所以有
"小東京"之稱。

107

上海的外國人墓地,上海人稱之爲
"外國墳山"。

108

也許外國人來上海前從來不曾想到,
他們竟要安葬於這片東方的土地裏。
圖爲上海外僑重要的人物逝世,葬禮
極其隆重。

108

109

110

111

歐風東漸

109

經歷了最初的隔膜以後，中外生活方式在上海慢慢產生了交流和融合。三十年代上海富裕人家舉行的派對（party），中外人士聚首一堂。

110

1934年成立的中法聯誼會。

111

原名味蒓園的張園，面積達七十多畝，在晚清上海非常著名。

112

張園中心的洋房名安塏地，開上海華人歐化運動之風氣，其餐廳、舞池、電氣屋、照相室，吸引了大批上海的新派人物，頗像同時期日本東京的鹿鳴館。

112

113

113

上海的西式餐廳，佈置典雅，富有濃
厚的異國情調。

114

鄧脫摩西餐館（Dinty Moore）是華
人開設的西餐館，許多洋行華人職員
均在此用午餐。

115

外僑在上海成家立室，舉行西式婚
禮，上海人稱之為新式婚禮。

116

當日喜歡趕時髦的人都會採用西式婚
禮，以示追上潮流。

114

115

116

上海是個自由的港口，任何人無需簽證即可上岸，它不僅吸引着許多雄心勃勃的人，也收容了許多走投無路的人。不同種族、不同出身的人，都從世界各地匯聚到上海這個東方城市，用同樣的艱辛和努力開拓自己的生活，實現自己的野心。

上海爲許多敢於冒險的人提供了成功的機會，不少人剛到來時都是身無分文，歸去時卻已腰纏萬貫，這與有"國中之國"之稱的上海租界有莫大的關係。上海租界有着特殊的統治形式，它既是中外矛盾的產物，又是中外妥協的結果，在這"國際社會"裏一切的爭執都得以暫時平息下來。因此中國國內的農民起事、軍閥混戰都只發生在上海郊外；第二次鴉片戰爭、中法戰爭、八國聯軍的外國軍艦也沒有在上海逗留，總之在烽烟四起的時代，上海始終是"世外桃源"。上海甚至也似乎是獨立於世界的經濟動盪之外，第一次世界大戰後的世界經濟危機，反而成爲它經濟上脫穎而出的時刻。外國商人爲規避經濟危機和世界大戰所造成的經營風險，紛紛把投資轉向上海這片"安全"的區域。在這樣的契機下，加上租界奉行投資者一律平等的原則，上海成爲了中外資本的交匯處。就上海本地資金來說，雖然其主要來源是江浙地區，但許多資本家在上海站穩腳跟後，都紛紛將自己的工商業向自己的家鄉拓展，廣大的江浙地區實際上已成爲上海的衛星工業區域，而上海則搖身一變而成爲它們的金融中心。

除了資金以外，勞動力對一個城市的經濟發展，也極其重要，中國內地的戰亂，造成大批難民湧向上海，無形中使上海獲得源源不絕的廉價勞動力。同時，上海作爲國際難民的庇護所，白俄人、猶太人和其他國家的難民的湧入，也替它帶來了不少特殊的技術。

名義上上海仍然是清王朝的轄地，但實際上它已成爲一個特殊的"國際社會"；中、英、法三方都無法在此實行全面的管理，這也使得上海的政治束縛較少、專制箝制較弱，大大有利於貿易和經濟的自由發展。與此同時，上海這種"無政府"狀態，使海關及稅收等政府職能削弱，不少商人從走私、偷漏稅款中牟取大量額外的利潤。販毒和私運軍火等生意也得以興隆起來，於是上海"冒險家的樂園"的聲名就不脛而走。

一、洋行與大班

英國商人也許沒料到他們需要進行一場戰爭，才能打通與中國貿易的途徑。不管如何，英商是在1843年追隨英國首任駐滬領事來到上海的第一批外國僑民。最早進入上海的洋行有怡和洋行（Jardine Matheson & Co.）、寶順洋行（Dent Beale & Co.）、仁記洋行（Gibb Livingstone & Co.）、義記洋行（Holliday Wise & Co.）和一個叫司密斯（J. Mackril Smith）的商人。雖然這些外商很艱難才打開上海的大門，但他們知道一旦踏進這門檻，賺錢的機會確實很多。因此各國商人不斷湧入上海投資，到1847年，上海已經開設了二十四家洋行、五家洋商店舖、一家外商旅館和俱樂部。

在上海開埠初期，精明的外商為了確保他們在商戰競爭中的有利地位，都紛紛插足官場；滿清政府的腐敗無能，使他們深信政治上的優勢可以加強和鞏固他們經濟上的利益。當時除英國領事是正式的政府外交官以外，其他國家的駐滬領事大都由洋行商人兼任。首任到職的美國駐滬領事吳利國（Henry G. Wolcott）及其後任祁理蘊（John N. A. Griswold）、金能亨（Edward Cunningham）都是旗昌洋行的大班。金能亨還兼任了瑞典和挪威的駐滬領事。寶順洋行大班比爾（F. C. Beale）則擔任了葡萄牙和荷蘭的領事。至於怡和洋行大班波斯鳥（Alex Percivel）就充當了丹麥的駐滬領事。由於

"官商合一"的狀況，給予外商在政治和經濟上的方便，洋行的發展也因而突飛猛進。

初期洋行獲利最大的貿易是鴉片走私。怡和、寶順、旗昌都是上海當日最著名的鴉片商行。尤其是怡和洋行，它從鴉片貿易中贏得了巨額利潤，一躍成為上海最具實力的洋行；該行大班登特（Henry W. Dent）因此也成為上海灘炙手可熱的大人物，他在1863年和1864年連任了公共租界工部局的總董。除了鴉片和其他貿易之外，上海的航運事業也主要由洋行經營。像旗昌、太古等洋行，都設有龐大的輪船公司，洋行的航運業務一直延伸到長江內河。

十九世紀末以後，大量移民的加入和城市的繁榮，使上海地價驟升。不少外商轉而從投機房地產業中牟得暴利，其中最著名的例子就是哈同（Silas Aaron Hardoon）和沙遜（Victor Sassoon）。

哈同是猶太人，從鴉片貿易中積聚了最初的資本後，就努力經營上海的房地產。經過幾十年苦心經營，他成了上海赫赫有名的地皮大王。1931年6月哈同病逝後，留下土地達460餘畝及各種房屋1300多幢。上海南京路上著名的四大公司，其中兩大公司（永安和新新）的地皮都屬哈同所有。至於維克多·沙遜，他是沙遜洋行的第三代主持人。沙遜洋行原來以經營進口貿易為主，由於中國民族工業的崛起，打擊了洋貨在中國市場的發展。於是沙遜立即調整了經營策略，向上海房地產進軍，大量購置

上海的地產，並興建房屋，成爲上海另一個房地產大王。沙遜在滬的房地產業，計有土地六百多畝，各種房屋一千九百多幢，其中有許多是上海著名的建築物，如沙遜大廈、都城大廈、漢彌爾登大廈、華懋公寓、高納德公寓、仙樂舞廳、東方飯店、河濱大樓等。

鴉片貿易和房地產投機使外國商人獲得了幾十倍、甚至幾百倍的利潤，也正因如此，上海是"冒險家樂園"的名聲逐漸散播全球，越來越多外商湧向上海。據1931年的統計，當時僅英、美、日三國商人在滬的投資就達10‧5億美元。看着那些財大氣粗的外商，上海人的心中悄悄滋生了崇洋的心態；他們更把那些聲名顯赫的外國商業大王稱爲大班。這個稱呼最初是指外國商船中管貨和處理商務的貨長，英語即Supercargo。他們是中國商人、買辦最早接觸到的具有實權的外國商人，所以大班的稱呼一開始就包含了一種敬畏。後來，大班逐漸成爲洋老闆、洋總經理的專稱，

意味着無尚的權力和巨大的財富。而對於華人工商業巨頭，上海人則稱之爲大亨。

在上海的外貿和經濟發展中，買辦也扮演着一個重要的角色。上海人把買辦稱爲"康白度"，這是Comprador的譯音。買辦其實是中外貿易中的獨立代理人，他們有自己的商號和銷售系統。他們一面負責向中國市場推銷外國洋行的進口物品，一面又承擔採辦外國洋行的出口貨物。通過買辦作搭橋牽綫，上海的進出口渠道很快就得以暢通，中外貿易更免除了許多由於經濟體制和市場機制不同而產生的不適應情況。上海中外貿易的蓬勃，使買辦積聚了大量資本；早期如金順洋行的買辦徐潤，其個人資產在十九世紀六十年代就已達到三百餘萬兩，自設的字號二十多家。同時，買辦也是上海最早瞭解世界經濟發展動態和近代工商經營機制的人，因此，許多買辦很自然地轉化爲上海第一代的工商企業家。

外商來滬，在客觀上推動了上海的工業化，可以說上海的近代工商業是由外商肇始的。最先伴隨着貿易而起的是金融和航運；由航運又帶動了保險、碼頭、倉儲、船舶修理及與此相關的製造業。1856年，美國人貝立斯（Nicholas Baylies）在吳淞開設了一家修船廠，這便是上海最早的近代企業。在外商的刺激帶動下，由1870年起，上海的民族工商業也逐漸興起並日益壯大。到二十世紀開始，民族工商業更取代外商的統治地位而成爲上海經濟的主導力量。

1

2

3

洋行

1

當日停泊在黃浦江面走私鴉片的躉船，替外商和洋行賺取了難以估計的龐大利潤，也替他們聚積了雄厚的經營資本。

2

怡和洋行是上海實力最雄厚的外商，創立於1782年。早期在上海販運鴉片，以後則從事其他行業，包括進出口貿易、保險、地產、航運、鐵路、碼頭倉庫等。圖為1861年建造的怡和洋行大樓。

3

1920年經過重建的怡和洋行。

4

旗昌洋行（Russell & Co.）是上海最早的一家美商洋行。早期販運鴉片，以後主要從事進口棉花及出口土產。

4

5

6

5

1845年，老沙遜（Edward David Sassoon）在上海開設老沙遜洋行。1872年，其兒子伊萊亞斯·沙遜（Elias David Sassoon）組織新沙遜公司，經營洋布、地產、保險等，其附屬公司繁多，是上海實力最雄厚的外商企業集團。圖為新沙遜洋行。

6

新沙遜洋行的第三代繼承人——伊萊亞斯·沙遜的長子雅各·沙遜（Jacob Sassoon）。

7

1925年，在原址新建的著名的沙遜大廈。這時主持該洋行的是上海人稱為蹺腳沙遜的維克多·沙遜，他是當日上海灘叱咤風雲的人物。

7

8

上海某洋行的辦公室，上海人稱爲
"寫字間"。

9

1865年英商佛南創辦的耶松船廠。

10

耶松船廠1906年製造的新船。

8

9

10

11

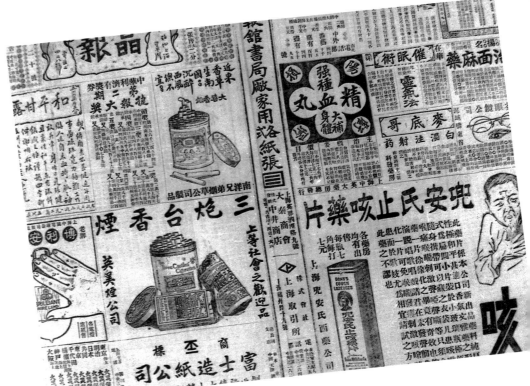

12

11

由英美商人合資的英美烟草公司
（British-American Tobacco Com-
pany），自1919年在滬設立駐華總
部後，就壟斷了中國烟草業。著名的
產品有"老刀牌"、"大英牌"、"三
炮台"、"白錫包"等。

12

由英美烟草公司生產的三炮台香烟，
在《晶報》刊登廣告。

13

德士古火油公司（Texaco Incor-
poration ）各地經理歡迎其總大班
樂飛佛回滬時的合影。足見當日德士
古在華的發展勃蓬，分公司林立。

13

大班之家

14

哈同於1847年被沙遜公司派往上海經營鴉片走私，後獨自經營鴉片業和上海房地產業。1901年開設哈同洋行，是上海著名的地產大王和遠東第一巨富。圖為哈同和妻子羅迦陵。

15

1904年哈同購地170畝，興建私人花園，做照《紅樓夢》中大觀園的設計，有"海上大觀園"之稱。以夫婦兩人的名字命名"愛儷園"，俗稱哈同花園。圖為愛儷園中的飛流界。

16

外商W. V. Drummond在上海的英國鄉村別墅式花園住宅，氣派宏偉。

17

這是外國大班 Edward Ezra 的豪華、舒適的起居室。

14

15

16

17

著名買辦

18

清末上海著名的買辦徐潤，初到上海時在外資洋行當學徒，後升任為買辦。曾先後開辦茶號，任茶葉絲業公所、洋藥局和仁濟醫院的董事，上海輪船招商局代理總辦，聲名顯赫。

19

由學徒、跑街、買辦，到工商巨子，上海總商會會長，甚至租界工部局華董，虞洽卿的發迹可說是一個奇迹，其豪華的住所更反映了他雄厚的經濟實力。

20

以著名華商巨子虞洽卿命名，於1915年築成，虞洽卿路（今西藏中路）是上海南北向的主要幹道。

18

19

二、華人工商巨子

中國人自己經營的新式企業，從十九世紀六十年代起開始在上海出現；先是官辦，繼而是官督商辦，再後才是私營。上海最早的一批企業家大多是由洋行買辦出身，他們在買辦生涯中積累了相當的資本，也學會了現代工商業的經營手段，對於投資經商可謂駕輕就熟。稍後興起的則是那些從小本經營起家、靠勤儉奮鬥在激烈競爭中致富的人。如葉澄衷、朱葆三等都是從學徒開始一步步走向成功之路，成為工商巨子的。葉澄衷起初就是靠一隻小舢舨經營販運，通過跑街推銷熟悉門路而建立關係，最後成為上海五金銷售業的巨子。至於上海金融、航運業的巨擘，曾任上海總商會會長的虞洽卿當初也是從學徒出身而逐步發迹。

二十世紀初，當上海投資環境的優勢逐漸顯露時，許多僑商紛紛來滬，這些僑商大多實力雄厚，甫到上海即顯示了他們巨大的影響力。當時聞名於世的上海四大百貨公司都是由僑商創辦的，而南洋烟草公司的簡氏家族也是華僑世家。

到本世紀三十年代，隨着當時新興技術的發展，一批受過高等教育的工程師和技術人員在創業中異軍突起，他們利用新產業崛起之機，或由於技術精湛，或通過延攬人才得當而飛快發展起來。其中著名的便是方液仙的中國化學工業社和吳蘊初的天廚味精廠。方液仙畢業於上海中西書院，在讀書時就熱愛化學，並且拜工部局化驗師、德國化學家竇伯烈為師，還設法建立了自己的化學實驗室。19歲時他創建中國化學工業社，從事日用化學品的研究和生產。到三十年代，方液仙的企業已從開業時的一萬元資金增加到二百萬元資本，中國化學工業社也成為中國近代規模最大的日用化學工業企業，他創立的"箭刀"牌肥皂，"三星"牌蚊香暢銷至今。

上海的華資工商業，從一開始就面臨了外國企業的威脅。由於外國工商業較早佔據了中國市場，並且有强大的政治優勢做後盾，所以在競爭中處於有利位置。但上海的華人資本家都具有不屈不撓的精神，他們兢兢業業、努力奮鬥、憑着個人的精明強幹，一步一步在競爭中確立了地位，逐漸將外國產品

擠出中國市場。在二、三十年代，上海的華資工商業不僅在國內市場確立了優勢，而且還大力開拓海外市場，尤其是在南洋一帶更成功地取代了日本產品的統治地位，寫下上海華資工商業燦爛輝煌的一頁。

當時在上海工商界中名震一時的人物，還應提到的有"煤炭大王"、"火柴大王"和"企業大王"之稱的劉鴻生，他的成功典型地綜合了上海幾代創業者成功的因素；他所走過的道路，也代表了一般上海實業家的發迹過程。劉氏家族在上海有三代小本經商的歷史，他本人在聖約翰大學肄業，具備良好的社會關係和對商情準確判斷的素質。劉鴻生以果敢決斷、創新應變而超越前輩。劉氏在任英商開灤礦務總公司買辦的數年後，積累得資金先後創辦了火柴、水泥、毛紡、煤礦、銀行、保險等十幾家企業，並組織了規模巨大的企業集團。三十年代初，劉鴻生的企業投資總額達到七百四十多萬元，並擁有幾十家企業的股份。

榮家企業集團的壯大，則充分展示了上海企業家善於運用天時地利人和的另一種智慧。榮宗敬、榮德生兄弟將企業開辦在離上海不遠的家鄉無錫，一方面利用"造福鄉梓"的人和優勢，另一方面是直接靠近原料產地，以上海作爲他們融資、建立銷售網絡的大本營，揚長避短，充分利用兩地的優勢，使其企業效益倍增。

上海的華人工商企業家爲近代上海的經濟發展、社會繁榮作出了巨大的貢獻，所以他們都享有較高的社會地位，當時上海很多街道名稱都用了他們的名字，如朱葆三路、虞洽卿路。這在租界統治下是極罕見的事，足見他們皆是當日上海舉足輕重的人物。一些工商巨子實際上更成爲社會領袖，上海最大的工商業團體——上海總商會，就是當時上海最具實力和威望的民間組織，對上海社會曾經起過積極的作用。

21

22

23

由官辦到私營

華資企業在十九世紀六十年代出現時，先是官辦，其後由官督商辦發展至私營。

21
江南機器製造總局是近代中國最著名的官辦企業，也是中國工業的發軔之一。1865年由李鴻章創辦，是清政府規模最大的軍事工業，主要製造槍炮和修造輪船。

22
成立於1873年的輪船招商局，總局設於上海，是清政府最早設立的輪船航運企業，1885年經盛宣懷改為官督商辦。圖為外灘招商局舊址，現為上海港務監督。

23
上海求新機器造船廠，1902年創辦。五年後開始建造輪船，漢冶萍公司、招商局都向該廠訂製輪船。

24

24
申大麵粉公司，1910年由顧馨一、王
寶侖、王一亭合資開辦。創辦時資本
為二十七萬九千元。

25
紡織行業是上海華資工業中最有競爭
力的行業。由榮宗敬、榮德生兄弟創
建的申新紡織公司是華商棉紡織業中
最有實力的企業。圖為著名的申新紡
織第七廠。

26
恒豐紗廠的寬大廠房。

27
二十世紀以後，為適應上海華資工商
業發展的需要，許多同業公會、聯合
會等新型工商團體紛紛建立，替代了
過去旅滬商人的同幫、同鄉組織。
1917年成立的上海紗業公會，在協
調、扶翼同業，加強中國紡織業與日
本的競爭能力，溝通同業與社會、政
府的聯繫方面，作出了很大的貢獻。

25

26

27

28

28
中國南洋兄弟烟草股份有限公司，
1905年由粵商簡照南、簡玉階兄弟在
香港創設。1918年後將總公司設於上
海。

29
門市部開設於南京路的三友實業社，
是最早能自紡、自織、自銷毛巾和被
單的華資工商企業。它所生產的三角
牌產品在三十年代行銷中國，結束了
日本毛巾、被單獨霸中國市場的局
面，而且在東南亞也廣受歡迎。

30
華資企業家為尋求市民的支持，發起
了提倡國貨運動。這是當日豎立在十
六鋪碼頭附近的國貨廣告牌。

29

30

31

32

33

華商巨子

華資工商業壯大後，華人工商業家以其對經濟的貢獻，成爲上海要人。

31
從買辦起家的工商巨子盛宣懷的住宅，佔地之廣闊及造型之宏偉，可媲美外國大班的豪宅。該建築現爲日本駐滬總領事館。

32
由買辦起家的盛宣懷，曾開辦紡織廠、銀行，亦兼治煤礦、鐵路，1911年更任皇族內閣郵傳部大臣，是近代上海著名的工商巨子。

33
盛宣懷住宅內裝飾陳設皆非常講究。

華人參政

華人在上海經濟實力不斷增強,也相應提出了分享政治權力的要求。

34
作為上海華人最有影響的團體——上海總商會,在許多事務上代表華人與租界當局交涉。此處在河南路橋北蘇州路,原為天后宮,又曾為李鴻章行轅。

35
經過華人參政運動的努力,1928年華人董事終於進入工部局。圖為包括華董的工部局董事會。

34

35

三、"東方華爾街"

到過上海外灘的人都知道由外灘、福州路、江西路、北京路構成的區域很小，大概不到一平方公里；但這個區域卻是上海金融機構的集中地，開設了六、七十家中外著名的銀行，猶如美國紐約的金融區——華爾街，於是人們就把上海這個區域稱為"東方華爾街"。

上海是中國和遠東的金融中心，"東方華爾街"就是其心臟。1921年中國最重要的二十七家銀行，其中二十二家的總行設在上海。上海銀行的業務量佔全國銀行業務總量的四分之三以上。到1933年為止，上海銀行公會會員的資產總值已佔全國華資銀行資產總值百分之八十九。與亞洲其他大城市相比，上海銀行的數目也位列第一。1935年，上海已有銀行一百零九家（其中外商銀行佔二十八家）；而孟買有五十九家（外商銀行佔十三家）；東京有五十八家（外商銀行佔十一家）；香港則有二十七家（外商銀行佔十七家）。上海的金融業於十九世紀末起飛，並且迅速建立了功能齊全的金融體系；到本世紀三十年代，上海已成為僅次於紐約和倫敦的全球第三大金融市場。這驚人的發展速度，被當時世界金融界視為一項奇迹。

在新式銀行出現之前，上海傳統的金融組織是錢莊。明清之際，隨着貿易的發達，錢莊在上海非常興盛；十八世紀末，上海的錢莊已超過了一百家。但是，錢莊的業務主要針對國內貿易，其資本和經營活動都很有限；面對開埠以後大規模的中外貿易，一般錢莊都難以應付。因此，涉及國際匯兌方面的金融業務，起初大多由洋行兼營。

1830年起，不附屬於商業機構的獨立金融機構——近代銀行，相繼在歐美工業國家出現，這些銀行伴隨着海外貿易和資本輸出拓展到遠東。第一家進入中國的外資銀行是英國的麗如銀行（Oriental Banking Co.），它於1847年在上海設立了分支機構。隨後其他英國銀行也紛紛進入上海。接踵而至的是法國銀行，1860年法蘭西銀行（Comptoir d'Escompte de Paris）在上海開設分行，在巴黎與上海之間建立起直接的商業和金融聯繫。這些外資銀行的出現，打破了洋行壟斷外匯業務的局面，使國際匯兌走上更專業化的軌道。

1865年4月，滙豐銀行上海分行的創立，開始了上海金融業的新時代。滙豐的總行設在香港，它是第一家將總行設在中國的外資銀行，在中國經濟近代化的發展過程中，扮演了重要的角色。近代化、科學化的管理體制，完善的經營方法，使滙豐在上海金融界迅速崛起並居於主導地位。滙豐實際上是租界當局的"國家銀行"，它壟斷國際匯兌，操縱了外匯市場，長時期控制着上海的金融命脈。到十九世紀末年，由於上海經濟勃興，世界上許多重要的銀行都先後打入上海，外灘更成為它們理想的聚會點。

外灘是上海開埠後最早開發完成的黃金地段，其位置顯赫，地價昂貴，在這塊寸金之地擁有房地產、設置辦公樓，標誌了實力和信譽。所以，很多外資銀行都不惜代價擠入外灘，謀求發展，無形中也使"東方華爾街"初具規模。當日外灘周圍聚集了各國頗具實力的銀行，計有英國的滙豐銀行（Hong Kong & Shanghai Banking Corporation）、德國的德華銀行、日本的橫濱正金銀行（Yokohama Bank Ltd.）、臺灣銀行（Bank of Taiwan Ltd.）、俄國的華俄道勝銀行、法國的東方匯理銀行（Banque de l'Indo-Chine）、美國的花旗銀行、比利時的華比銀行（Banque Belge pour l'Etranger）、荷蘭銀行（Netherlandsche Handle Mastschappi）……

正當各國銀行為確立其在外灘的地位而展開激烈較量之際，1897年，中國第一家華資銀行——中國通商銀行在外灘開業。創立伊始，就按照國際大銀行的管理方式和通行慣例開展業務，並且加入了外灘銀行公會，顯示了華資銀行的雄厚基礎，也揭開了華資金融勢力崛起的序幕。1905年，中國第一家國家銀行——清戶部銀行也在外灘開業，於是"東方華爾街"就成為華資金融業的發祥地。國民政府成立後，更把四行（中央銀行、中國銀行、交通銀行、農民銀行）二局（郵政儲金匯業局、中央信託局）的總部均設在上海，至此上海作為重要的資金集散地已是無可置疑的了。

現代化工商業不再是一家一戶的力量能夠維持的，它需要和廣泛的社會渠道聯繫，集資對現代工商業意義重大。通過市場向社會集資的形式，是由外商帶到上海的，當日的上海是中國最大的資金籌措市場。1869年，四川路二洋涇橋北，出現了上海第一家專營有價證券的洋行英商長利公司（J.P. Biest & Co.）。以後，又創辦了一家證券交易所——上海股份公所（Shanghai Sharebrokers Association），不過這家交易所還不十分完善。到1905年上海衆業公所（Shanghai Stock Exchange）開業，上海的證券交易才進入比較成熟的階段。在第一次世界大戰以前，上海的證券交易始終控制在英國商人的手中。第一次世界大戰以後，日本在華投資劇增；1918年冬，日本財閥在滬創立了上海取引所股份公司，曾經有一個時期對上海的金融業影響很大。

上海市民早期以購買"洋股"的方式參與證券交易，他們大多數在福州路、大新街轉角處的惠芳茶樓進行買賣。十九世紀七十年代起，華資企業如上海機器織布局、輪船招商局等開始在上海發行股票。1894年，清政府發行公債，華商證券交易隨即活躍起來，1910年，王一亭、郁屏翰等在南市關橋成立了一個專營證券的公司——公平易，是為上海華商證券公司之肇始。1914年，上海股票商業公會成立，公會制訂了營業規則、開闢了證券市場，經營二十多種證券，並且每日發送行情單，徵收代理佣金，足證華商證券交易已達到了一定的規模。1920年7月，上海華商

證券物品交易所的揭幕，使上海的證券交易得到了一個興旺發達的時機；越來越多的人參與投資，越來越多的企業從市場獲得了發展的資金。

上海這個金融及商業中心經歷了一次又一次的金融風潮、政局更迭，儘管每年都有經營不善的企業、商店倒閉，有人在上海大展鴻圖，也有人傾家蕩產，但上海作為亞洲第一大金融商業中心的形象，在亞洲近代史上依然是屹立不倒的。

傳統錢莊

十八世紀末，上海錢莊多達百家，但只處理國內貿易，涉及國際匯兌的金融業務，多由洋行兼營。

36
上海錢業公所，是上海傳統金融業的同業組織。

37
中國傳統的金融機構——錢莊。

36

37

近代銀行

1847年，英國麗如銀行在上海開設分行，成爲第一家進入中國的外資銀行。此後，歐美日本銀行紛紛進軍上海，外灘成爲當時的金融中心。

38
上海著名的華資與外資銀行均雲集於外灘。

1. 亞細亞火油公司
2. 上海總會
3. 聯保公司
4. 日本郵船株式會社
5. 英商愛爾德有限公司
6. 中國通商銀行
7. 招商輪船總局
8. 滙豐銀行
9. 江海關
10. 交通銀行
11. 中央銀行
12. 臺灣銀行

39

40

41

首先進入上海的英資銀
行，後來成功地控制了上
海的金融命脈。

39
近代上海最重要的外資銀行——滙豐
銀行，在1921年滙豐耗資一千萬元重
建一座氣勢宏偉的希臘式新辦公大樓
（現爲上海市政府辦公樓），展示了
其雄厚的實力。

40
滙豐銀行在上海發行的鈔票。

41
渣打銀行（也稱麥加利銀行），1858
年在上海設立分行，地位僅次於滙豐
銀行。

42

43

44

除了滙豐銀行，不少外資銀行亦是中國當時的發鈔銀行。

42
花旗銀行在上海發行的鈔票。

43
美國友華銀行1918年在上海發行的鈔票。

44
上海華俄道勝銀行伍圓紙幣。

45
華俄道勝銀行是中國第一家中外合資銀行，總行設在俄國的彼得堡。上海分行則於1896年開業。圖爲該行的上海分行大樓，現爲上海航天局。

45

各國銀行進入上海，反映
了對華投資的情況。

46
1889年，德國十三家銀行聯合設立了
德華銀行，專責籌集德國對華貿易的
資金。行址在今外灘上海總工會。

47
由日本官商合辦的股份有限公司——
臺灣銀行，總行在臺北。1911年設立
上海分行，行址也在外灘，現爲上海
市工藝品進出口公司。

48
橫濱正金銀行是上海資格最老的日資
銀行，1920年買下外灘老沙遜洋行重
建新廈。圖爲1924年竣工的新銀行大
樓，現爲上海紡織工業管理局。

46

47

48

49

49

銀行職員在工作。

50

上海是國際商埠，為便於各種貨幣兌
換流通，連馬路邊、街道口都設有兌
換洋錢的亭子。

50

51

52

外資銀行進軍上海，加上
上海經濟活動活躍，本土
金融業終於有所改變，華
資銀行相繼出現。

51
中國第一間華資銀行——中國通商銀
行，1897年在上海成立，創辦人是盛
宣懷。它是最早擠入外灘的華資銀
行，並加入了外商銀行同業公會。

52
中匯銀行，是由上海聞人杜月笙、金
廷蓀、李應生等發起組織，1929年正
式開業，後與江浙銀行合併。圖為中
匯銀行新大樓，現為上海博物館。

53

54

證券交易

十九世紀末，上海證券交易漸漸活躍，成為不少企業籌集資金的途徑。

53
位於九江路的上海華商證券交易所股份有限公司，1921年由上海股票商業公會改組而成，主要經營國內公債債券交易，1921年5月開業，是上海唯一的公債、股票市場。

54
人頭簇擁的上海證券交易所大廳。

55
上海證券交易所內的電話。

56

57

58

59

保險業

上海的保險業是伴隨着開埠以後的航運、外貿的需要而興起的，並且日盆蓬勃。

56
四明儲蓄會和四明保險公司都是四明銀行設立的專營儲蓄、保險業務的機構。四明銀行成立於1908年，總行在上海。

57
這是當時具有很高信譽的華安保險公司（ The China United Assurance Company ）。

58
英商保家水火保險有限公司的保險單。

59
圖左第三幢大樓是1920年以後建造的揚子保險公司大樓，租借給保寧、中華、保安、保家等十幾家保險公司作辦公之用，成為一幢集中多家保險公司的辦公大樓。

四、名牌老店與四大公司

上海人現在談起"購物天堂"，總是十分羨慕香港，那裏薈萃世界各地的名牌，又享受自由貿易港的優惠，價廉物美。可是，以前上海也曾經是遠東的"購物天堂"，一流的商業服務設施，一流的商品貨物，成為上海繁華的重要標誌。

開埠後的上海是一個特殊的進出口貿易口岸，也是海內外各地貨物的集散地，因此上海城東沿黃浦江一帶逐漸出現了許多重要的貨物批發、零售中心。隨着社會經濟的繁榮，上海整個城市的生活水準、消費能力大大提高，商業及其他服務行業也因而興旺起來。上海市面上商店林立、百貨匯集；西方近代商業的經營方式很快便進入上海，但中國傳統的商業方式，也在激烈競爭的環境中推陳出新。

為了顯示良好的信譽、厚實的基礎，上海的商店總是以"老"為標榜，或者以"大"為號召。所謂"名牌老店"、"四大公司"，代表了上海中外兩種不同的商業經營方式，也是上海值得驕傲的商業標誌。

開埠不久，外商經營的百貨商店就在上海出現。1854年第一間外商百貨商店在上海創立。外商依恃比較雄厚的資金，一開始就辦較大規模的百貨商店，大量的日用工業品湧進上海，使原來主要售賣手工業品的日用雜品商店遭受到很大的衝擊。上海傳統的商業就開始向專業化、精品化發展，以圖生存。

其實，一些上海的名牌老店，大多創立於開埠之後，歷史並不算悠久，但每間店都有自己獨特的優秀產品以及良好的經營之道，在市場中精益求精，發展壯大。許多名牌老店都是同中國的傳統手工藝產品結合，採取前店後廠的形式，使之立於不敗之地。像開設在南京路畫錦里的老妙香所經銷的化妝品，完全利用蘇州的天然香料製成，並且在產品中加入中草藥的功效，使

其生產的化妝品兼有美容和護膚的作用。被譽爲中國“帽業之冠”的上海盛錫福帽店，其創始人劉錫三本人原是手藝出衆的製帽師傅，盛錫福經銷的帽子，全由該店特約工廠製作，質量可靠，式樣時新。同樣的例子還有南京路的樂源昌銅錫號，其創始人樂嗣基本人就是遠近聞名的銅匠，所以該店經銷的五金商品，贏得了顧客的信賴。即使不是由本店自己生產，上海不少商店也有自己的定點產地，如葛德和專營宜興陶器，汪裕泰專門供應西湖龍井，所以這樣很容易就獲得信譽。

當然，上海也有眞正歷史悠久的名牌老店，但大多數都是從外地遷入的。如周虎臣筆墨莊創立於1694年，1862年由蘇州遷往上海。徽州的曹素功墨莊始設於明朝萬曆年間，1864年遷到上海。王星記扇莊1875年創立於杭州，一度衰落，1941年搬到上海南京路後漸趨復興。雷允上藥店1662年創立於蘇州，1860年來上海後，得以更大發展，由分店而成爲總店，無論規模和影響都遠超於在蘇州之時。

除了傳統的手工藝品，上海也有許多商店經營新式的工業日用品，他們以現代化的經營觀念和手法，逐漸樹立起自己的牌子，加入了名牌老店的行列。例如亨達利，原是由德國商人創設的一家規模不大的鐘錶行。後由孫梅堂、胡春泉兩人接盤。他們把店址從新開河搬到鬧市中心南京路，擴大店面、增加品種，以專營世界名錶爲號召，業務蒸蒸日上，一躍爲上海規模最大的鐘錶店。

上海的照相館最初是由法國人和日本人開設的，後來華商也逐漸加入這一行業。當廣東人王開在南京路開辦王開照相館時，上海已有四家很有名氣的照相館：曜華、英昌、寶記、同生，號稱“四大天王”。爲了超過“四大天王”，王開盡全力投入廣告宣傳，從《申報》、《新聞報》到滬寧鐵路沿綫，無處不見王開照相的名字。孫中山先生大殮、遠東運動會等影響廣泛的活動，王開都不惜工本獲得獨家拍攝的權利，於是，王開的社會名聲日高。與此同時，王開還不斷聘用在照相技術上有特長的名師高手，使王開照相在技藝上保持領先。最後，王開後來居上，影響大大超過“四大天王”。其他如精益眼鏡公司、鶴鳴鞋帽商店、鴻翔時裝公司等名牌老店，幾乎都經歷了這樣的發奮創業、精益求精的成功之路。

毫無疑問，在上海的商業中，最令上海人驕傲的還是“四大公司”。在四大公司創立之前，雖然許多上海的名牌老店地處鬧市黃金地段，但店鋪面積都在幾百平方米左右，規模有限，難以發展。而先施、永安、新新、大新四大百貨公司，營業面積都在一萬平方米以上，經營品種超過萬餘種。

原先，上海比較大型的百貨公司都是由外商創設的，其中最著名的要數位於南京路、四川路的惠羅百貨公司。幾乎在同一年（1913年），兩位澳洲華僑黃煥南和郭樂也準備在南京路投資經營巨型百貨商場。1917年，黃煥南的先施公司首先揭幕。第二年郭樂的永安公司也隨之開張。兩家公司大樓隔着南京路聳立相對，揭開了華人經營上海環球百貨的序幕，而且也標誌上海商業進入了燦爛輝煌的時代。

大型百貨公司不僅以商品種類繁多、質量上乘吸引顧客，更利用寬敞的場地作多種經營。大樓內附設屋頂遊樂場、酒吧、舞廳、彈子房、客房、餐廳，集購物、娛樂、休息於一體，爲顧客提供全面服務，盡量延長顧客逗留和消費的時間。從此以後，逛百貨商場就成爲上海市民（尤其是二、三十年代工資較穩定的職員階層）的重要生活方式。而原來的“白相大世界”則成爲外地人到上海來通常的旅遊節目。

由於大型百貨與當時上海新的消費階層、新的生活方式緊密地結合，所以其發展一日千里。1925年和1936年，上海南京路又有兩幢巨型的百貨大樓——新新公司和大新公司建成，從此形成四大公司爭奇鬥艷的局面。

二、三十年代後，大型百貨公司更加舒適、豪華。新新公司首先在商場內添置了冷氣設備，大新公司則裝上了最新式的自動扶梯。永安公司爲了宣傳公司的形象，創辦了《永安月刊》；新新公司則在大樓內建立了廣播電台。爲了擴大商品的銷路，四大公司施展了渾身解數，動用了一切現代化的設備和傳播媒介。這不但展示了四大公司的實力和氣派，也象徵了整個上海商業的繁榮。

近
代
上
海
繁
華
錄

名牌老店

開埠不久，外商經營的百
貨店在上海出現，大量日
用百貨湧進上海。面對强
大衝擊，傳統商業向專業
化，精品化發展，以"名
牌老店"作標榜，建立聲
譽。

60
馳名的百年老店——雷允
上藥號，始創人雷允上於1662年在蘇州開店，
1860年其後人在上海重開此店，經銷
祖傳秘方六神丸，結果聲譽大振，到
三十年代已成爲上海四大中藥名店之
一。圖爲南市新北門附近的雷允上老
店。

61
上海最著名的鐘錶店亨達利鐘錶總行
（Hope Brother's），1865年由德籍
商人創設。經銷各國及本牌鐘錶。後
由華商接辦，店址遷至南京路拋球
場，業務更盛。

62
亨得利鐘錶行成名的經過也頗爲有
趣。它利用與滬上鐘錶界名店亨達利
名字上的同音，以假亂眞，由此揭開
了與亨達利的廣告戰。亨得利在廣告
戰和訴訟中，引起了市民的注意，一
躍成爲滬上的名店。

63
上海歷史最悠久的呢絨綢緞店——老
介福綢緞局，1860年由福建人祝氏合
資開設，店址在南京路。

62

61

63

64

65

66

64

南京路上集中了上海最著名的三家銀
樓。這是裘天寶銀樓。

65

老鳳祥銀樓。

66

新鳳祥銀樓。

67

在幾十年間，上海人的商業觀念和經
營方式發生了很大變化。原來的街頭
小百貨攤被百貨公司所取代。

68

69

四大公司

四大公司是華人經營的環球百貨公司，不但帶領上海商業進入新時代，亦塑造了新的消費和生活方式。

68
由中國人創辦的第一家環球百貨公司——先施公司，於1917年正式開張。

69
先施化妝品發行所。

70
1926年開業的新新公司，公司名稱有"日新又新"之意。

71
1918年開業的永安公司。

70

71

屋頂遊樂場

四大公司爲招徠顧客，競相設置遊樂場所及遊樂設施，以供顧客遊玩。

72
先施公司開設的屋頂花園——滬行天臺樂園。

73
新新公司所開設的新新屋頂花園。

72

永安公司屋頂上的遊樂場天韻樓。

73

74

75

76

77

商業街南京路

從一條塵土飛揚的黃泥
路，逐漸發展為店舖林立
的商業街，四大公司的先
後建立更為南京路的繁榮
注入了現代的氣息。其實
南京路的開發建設，也經
歷了不同的階段。

75
馬車時代的南京路。

76
1901年的南京路。醇親王載灃為德國
駐華公使被役事前往德國，從南京路
通過。

77
二十世紀初年剛剛闢通有軌電車路時
的南京路。

78
二十年代末期的南京路，不但是上海
最熱鬧的商業街，同時也躍為遠東最
繁榮的商業中心區。

79

80

仿效與競爭

自四大公司相繼開幕後，百貨公司這種現代型的銷售形式深爲市民所接受，其他商業街也紛紛建立了百貨商店，加强了上海的商業競爭。

79
三十年代四川路的百貨大樓。

80
位於靜安寺路的安塏地商場，也是一家有影響力的百貨商場。

81
華商舉辦新年國貨推廣大遊行，途經城鄉各地。

81

82
早期上海的商業市招較小，而且較統
一有規則。

83
後期商業街上掛滿了大幅的市招，務
求吸引行人注意，以收宣傳的效果。

84
百貨公司漸以霓虹招牌取代傳統的市
招，晚上永安公司天韻樓、先施樂
園、新新花園的霓虹燈，構成美麗的
景色。

85
商業廣告無處不在，這是上海三十年
代貼有廣告的雙層公共汽車。

86
繁忙喧鬧的南京路上，廣告招牌、霓
虹燈到處可見。

82

83

86

84

85

五、冒險家樂園

"上海，這華洋雜處的大都會，這政出多頭的大城市，這紙醉金迷的冶遊場，這遍地黃金的好地方，正是冒險家的樂園"。難怪《上海，冒險家的樂園》的作者愛狄・密勒給上海起了這綽號，多年來都得到人們普遍的認同。

百年來，"到上海去"闖一番事業，不但盛行於中國的江浙皖粵，也流傳於英倫三島，歐美大陸。上海的特殊地位，使它成為國與國間唯一可不需簽證旅行的城市；租界當局更鼓勵任何人來上海創業，而不問你過去富貴和名譽與否。於是這城市便留下了許多"一隻破箱進上海，滿船財寶返故鄉"的神奇故事。

1874年，一位英國窮猶太人從印度來上海，在洋行看門，兼且自己做些烟土生意。後來把幾年來所積聚的錢財冒險投資在荒蕪的南京路西段。至九十年代，上海飛躍發展，而南北又分別被法租界和閘北華界堵住，只能向西拓展，當年以每畝二十兩銀子屯來的地暴漲了兩萬倍。一夜之間，這位流浪漢變成了遠東第一富翁，臨終敗落時尚有數億美元遺產。這位冒險家就是名噪世界的歐司愛・哈同。老上海到今天還能指出當年名震一時而至今仍完整無缺的哈同大樓；至於那佔地廣闊、得中國園林之勝的"愛儷園"（俗稱哈同花園），雖然在五十年代早已改建為"上海展覽館"（當時稱"中蘇友好大廈"），然而它的神秘夢幻色彩，

迄今猶為人們所緬懷。

運氣也好，機會也好，暴發的根源其實是在於上海的急劇發展和繁榮，冒險家只是運用手段和魄力去抓取而已。洋人借其條約和經營優勢在中外貿易和房地產的開發中獲得成功，而在隨之興起的商業零售和工業生產方面，華人的機會則遠超過他們。幼年喪父，貧困失學的劉鴻生以做英商買辦起家，周旋於異常複雜的華洋社會，從推銷煤炭開始，到創辦火柴廠、毛紡廠、輪船公司、水泥公司。一次又一次地冒險投資，最終在三十年代達到鼎盛，集"煤炭大王"、"火柴大王"、"金融巨子"頭銜於一身，成了當日上海工商業的巨人。他在洋人鞭長莫及而華人又一時不能進

入的領域，兼取雙方之優勢，迅速暴發起來。其他如葉澄衷、楊斯盛等等工商巨子，大都也有着類似的發迹史。

上海租界政府的構成，也是舉世無雙。早年冒險成功的商人成了日後工部局、公董局的寡頭，有的人且曾以這種身分成爲領事。雖然他們是僑民，卻很少向宗主國政府繳納殖民地利潤；身在中國卻不向中國政府納稅。於是這個由商人控制的自治政府就爲上海的投資者營造了無稅少稅的天堂，由於此緣故，在上海起家的沙遜家族、哈同家族，都把盈利留在上海周轉經營。哈同甚至歸化中國，在中國山水的愛儷園終老。

中國內地戰亂頻繁，上海一直是一塊資金運轉的好去處，軍閥財主有以博彩的心態來上海的賭場、馬場、股場碰運氣者，也有孤注一擲地投資於產業、商業和金融者。但令人驚詫的是，這些攜帶資金預備在上海大展拳腳的“冒險家”，卻很少找到他們的“樂園”。上海往往成了他們的“失樂園”。可見如非商場上的梟雄，一般的賭徒或權勢者，都未必可成爲成功的冒險家。

在不計較名譽和道德，只以金錢成功取人的社會裏，有時候出身巷頭街尾的“癟三”反而易於成功。一批批好勇鬥狠，無惡不作的地頭蛇，在中外勢力的扶持下走到前臺，以富商、成功者的姿態躍爲海上聞人。十九世紀中，橫行於租界的是在粵閩一帶崛起隨英商而來上海的洪幫；到二十世紀，黃金榮率領的青幫興起，被兩租界重用。而原爲捕快出身的黃金榮，最後也被授予法國將軍的名銜，資產達千萬，後期崛起的杜月笙洗掉了水果小販、幫會走卒的形象，在三十年代成爲“大亨”、“聞人”，在報界、金融界和航運界皆具有舉足輕重的地位，甚至往往左右當時的政治，與黃金榮、張嘯林並稱爲上海三大亨。這些人一生都走在法律的細窄鋼絲上，是職業的社會冒險家。但他們的發迹史，卻成爲了上海下層市民的美夢。

87

88

到上海去

全國各地的人攜帶家小從陸路、水路奔赴上海這個冒險家的樂園。

87
江南水鄉的人民撐船進入上海。

88
初到上海的移民，身無分文，只有棲身於極為狹小的水上棚戶。

89
移民為上海帶來了充足的勞動力，大大有助於城市的發展，而當日的移民在碼頭當工人是常見的情形。

90

91

93

來到上海工作的各國僑
民，不但為這個冒險家的
樂園增添了濃厚的異國情
調，實際上也擔當了不可
忽視的角色。

90
公共租界雇用的印度巡捕，上海人多
稱之"紅頭阿三"，因其頭上包着紅
布，"阿三"意同普通話的小三子。

91
法租界則從法國殖民地越南招雇警
察，稱為"安南巡捕"。

上海公共租界的印度籍交通警察則擔
當了指揮交通的職責。

93
穿着裙子的蘇格蘭人給上海人留下了
深刻的印象。這是萬國商團蘇格蘭隊
在西藏路操練。

94

95

生活與夢

"一隻破箱進上海，滿船財寶返故鄉"的傳奇故事與國際城市的急促步代，織成上海人的生活節奏。

94

在洋行當大班和買辦是當日上海一般小市民的夢想，是發達致富的門徑，就算是洋行做事的中國職員生活水準也較一般人為高。圖為外灘洋行的職員在上班途中。

95

在上海這個繁榮的商業社會，時間就是金錢，街頭所見的人都是急步匆匆，分秒必爭，所以上海人都把走路稱作"跑路"。

96

國民政府發行的航空公路建設獎券，為上海的星斗市民編織了發橫財的美夢。

№ 095834

№ 249032

№ 345101

№ 249032

96

98

99

發家致富的傳奇

上海的急劇發展成就了無
數冒險家。

97

1845年由英籍猶太人愛德華・沙遜在
上海所創立的老沙遜洋行，1920年改
組爲新沙遜股份有限公司，從事多項
業務，如房地產投資，擁有上海著名
的沙遜大廈、都城飯店、華懋公寓、
國泰大戲院、東方飯店、仙樂舞廳
等，沙遜家族在上海的聲名也日益顯
赫。

98

現代摩天大樓式建築的都城飯店
（Metropole Hotel），是上海著名
的大旅館之一。

99

華懋公寓（The Cathay Mansions）
高五十七米，共十四層，但從外表上
看，主樓僅十三層，因而有"十三層
樓"之稱。它是當時上海最高的一座
飯店，也曾是遠東最大的公寓大樓。

100

101

102

100

國泰大戲院（Cathay Theatre），位於霞飛路、邁而西愛路（今淮海中路、茂名南路）。1932年1月1日開幕，專映美國影片，是上海佈置華麗堂煌的著名影院之一。

101

東方飯店是上海著名的賓館，共七層，每層有客房六十間，附設書場和東方廣播電台。

102

在上海發迹的遠東第一富翁哈同的私人花園——愛儷園，為上海最大的私人花園。圖為愛儷園其中一個景點——小瀛洲。

183

103

104

105

106

103

滙豐洋行大班的住宅。

在當時人的眼中，上海遍地黃金，來自各地的冒險家紛紛湧至，以實現他們的黃金夢，當中不少確實發迹致富，他們在上海的豪宅，規模之宏偉，佈置之華麗，令人驚歎。

104

外國資本家愛德華‧卯俟拉在霞飛路的一座別墅中的宴會廳。

105

上海著名的工商巨子榮宗敬的住宅。

106

泰興洋行大班住宅。

107

108

107

1931年6月，上海聞人杜月笙在高橋家鄉的"杜氏宗祠"建成後，組織了盛況空前的落成儀式，六千人的儀仗隊在上海主要馬路遊行。

108

1931年6月10日，爲使杜月笙家祠儀仗隊能夠通過，法租界和華界電車停駛兩個小時。

109

杜月笙爲家祠落成舉行南北京劇大匯演，請了京、滬兩地幾乎所有當紅的京劇名家，可謂史無前例。上海人所謂"杜先生的面子"由此可見。

187

杜氏家祠落成招待北平藝員攝影紀念

後排立者 第三 程豔秋
第四 郭效青
向小雲
第五 劉宗揚
第六 譚富英
藍月春
馬連良
第七 言菊朋
金仲仁
李萬春
芙蓉草
第八 譚小培
弟九 龔雲甫
李吉瑞
前排坐者

第十 楊小樓
王少樓
第十一 雪豔琴
高慶奎
第十八 雪豔芳
郭仲衡
第二十 王又宸
徐碧雲
貫大元
梅蘭芳
第廿二 荀慧生
張春彦
第廿三 馬富祿

祠成之日北平名
伶聯翩來滬珠聯
璧合蕪萃一堂誠
南方所僅見演劇
三日極一時之盛
中如龔雲甫等當
年屆古稀此來尤
足紀念 編者識

人們一直以"大上海"、"大都會"來稱呼上海。稱其大者，不在於其面積遼闊、規模宏大，而是強調上海是一個綜合性發展的現代都市。它不僅是一個商埠、一個經濟重鎮，而且還是一個五彩繽紛的娛樂之都，一個人文薈萃的文化中心。各行各業的發展，構成了這個城市千變萬化的面貌。

近代上海的形成，伴隨着中西文化衝突與交融的歷程，中華民族的傳統文化精神以及近代西方的都市文明交織在一起，爲上海這個城市增添了複雜、絢爛的色彩。

上海是個開放的城市，一個以"世界主義"著稱的城市。這個城市穿梭着不同種族、不同膚色的人羣，傳播着世界各地的最新資訊，大量的外國僑民、外國遊客，帶着各地的文化背景，經匯聚和創造，使上海成爲世界上最"時髦"的城市之一。

二十世紀初年，人們把上海同紐約、倫敦、巴黎等著名城市歸於一起，列爲世界上最有燦爛色彩、最先進的都市。

一、世界之窗

開埠以後，上海的商業迅速繁榮起來，但江南的文人仍是非常鄙視這個日益發達的商埠。在他們的印象中，上海依然是江南的一個"彈丸蕞爾之地"；尤其是文化生活單調乏味，所謂"文物寂寂"、"風俗率鹵"，缺少中國傳統大都市那種人文繁勝的氣氛。

但不到二十年的光景，當這批江南文人因避兵燹不得不移居上海的時候，他們赫然發現十九世紀六、七十年代的上海，與開埠初年的上海相比，面貌已經發生了很大的變化："舞榭歌樓，戲園酒肆，爭奇鬥勝，生面獨開"，過去蘇州、揚州的繁華夢，竟在上海延續下來。繁華不僅是指那些傳統燈紅酒綠、鮮衣炫服的奢華生活，在文化方面上海也出現了許多新的氣象，特別是由西方輸入的新知識、新思想和新的生活方式，令人有耳目一新的感覺。

上海的新型文化事業，如出版、教育、新聞等，最早是隨着傳教士的活動而開始的。當時的傳教士為了使西方文化更迅速、更直接地被中國人接受，就聘用了不少中國的讀書人，協助進行傳譯和宣傳西方文化的工作。於是，在墨海書院、《萬國公報》報館和江南製造局譯書館，中國的書生接受了洋人的禮遇，拋卻了夷夏大防的嫌隙，開始從事於新型的文化事業，這批人成為中國最早接觸現代西方知識的文化人。他們大多數都是先依靠洋人，後來卻紛紛自立門戶，創辦了自己的報刊、出版社，或者成為獨立的自由撰稿人，就這樣上海產生了中國近代第一批的職業文人。另一批新式知識分子產生於上海的新式學校。1899年前後，上海已有二十多所各類型的新式學校，其中有西方傳教士創辦的中西書院、聖約翰書院等；也有華人創立的南洋公學、梅溪書院等，為近代中國的文化事業培養了不少傑出的人才。

據統計二十世紀初年，全國出版的中譯西書有百分之八十是在上海出版的。上海的報紙、期刊佔全國報刊總數的一半以上。1897年2月在上海創立的商務印書館和1912年1月創立的中華書局，是近代中國規模最大、影響最廣泛的兩大出版機構。商務印書館自成立以後，編印了數百種具有新式教育內容的教科書，對近代中國的教育改革起了重大的推進作用。商務、中華所刊行的各類國學書籍、西學名著，在近代中國的文化建設、西方文化的傳播與及中西文化的交流等方面，都具有舉足輕重的地位。

上海開明自由的政治、文化環境，也吸引了各地的進步人士。戊戌政變以後，晚清的政治局勢日益惡化，各地維新人士遭到清政府的追剿，紛紛匯聚上海，隱匿於租界。蔡元培離京南返，經紹興到上海，嚴復也由天津赴滬。二十世紀初年，幾乎所有嚮往新學、渴望變革的中國知識分子，都以上海為基地，一展其抱負，留下不可磨滅的足迹。他們當中包括許多中國近代最傑出的教育家、出版家、翻譯家、著名記者、國學大師、文學大師、小說家、詩人、律師、政治家等。上海也因此成為近代中國思想、文化的傳播中心。

正因為上海是當時中國的思想文化中心，所以當時知識分子在上海的活動，其影響往往輻射到全國。在晚清的反清民主運動中，上海實際上已成為革命黨人和知識分子的基地。1902年10月，上海南洋公學因壓制學生言論自由，激起退學風潮，以著名教育家蔡元培為首的中國教育會，遂決定籌款建校，創立了愛國學社，接納退學學生。由蔡元培任總理，吳稚暉任學監，章炳麟、蔣維喬等當教員，實行學生自治，倡言革命。愛國學社不僅開創了自由的教學風氣，而且培養了大批愛國的青年學生，許多更成為日後宣傳民主、倡導革命的骨幹。當日反清的浪潮洶湧澎湃，上海《蘇報》上刊登的反清言論，鼓舞和指導着整個中國的反清革命。章太炎、鄒容也因在《蘇報》上發表激烈的反清言論，而成為名震一時的革命宣傳家。"蘇報案"一出，章太炎、鄒容的命運成為全國人民注視的焦點，甚至影響波及海外。

如果說在二十世紀初年以前，上海的思想界仍在吸收和傳播西方近代啟蒙運動時代的思想文化，還在介紹從進化論到民約論的思潮；那麼，在二十世紀，當上海這個城市成為國際性大都市後，上海的思想文化也能與當時的世界文化潮流同步。1919年美國著名哲學家、教育家杜威的到訪上海，1920年英國當代哲學家和政治家羅素的訪滬，以及1924年印度著名詩人、哲學家泰戈爾的訪滬，都意味着上海的文化界在東西文化交流及其關係的問題上，介入了更高層次的討論。到二、三十年代的上海，激進文學青年的生活方式，更使人們聯想到幾乎同時的紐約格林威治村的窮文藝家的生活。也許上海的城市和文化已經具有了某種世界性的特徵。

一位二、三十年代曾住在上海的日本人，在幾十年以後回憶他來上海的原因時說："上海是一個開放的城市，那裏可以讀到反映西方文化的最新著作，可以了解到世界文化發展的新動態。那裏可以看到當時日本看不到的好萊塢電影，我就是在上海第一次看到了好萊塢的電影。"在他的眼中，甚至在當時很多人的心目中，上海簡直就像展覽近代文明的大窗櫥。

1

2

傳教與新知

1

徐家匯地區俯視圖，這裏是天主教勢
力在遠東的基地，是遠東最大的天主
教教區。

2

上海郊區的佘山是中國天主教徒在東
南沿海的主要朝聖地，每逢五月聖母
月，各地天主教徒紛紛來此朝聖。

3

這是天主教在徐家匯土山灣設立的孤
兒院，孤兒院圖畫間主要繪製宗教
畫，這裏也是上海最早教授西洋繪畫
技法的地方。

4

傳教士從事書刊的出版，對上海的出
版業起了很大的推動作用，教會出版
機構更在上海培養了一批最早的出版
工作者。圖為清末教會在上海出版的
部分書刊。

5

清末上海的傳教士。

C.L.S. Magazines in 1937.

3

4

5

新聞業

6

在上海創辦的《北華捷報》（North China Herald）後期不但成爲東方西僑言論的喉舌；也是當時中國歷時最長、影響最廣、發行量最大的西文報紙。1864年7月改爲《字林西報》（North China Daily News）。這是外灘《字林西報》報館大樓，建於1924年。今爲桂林大廈。

7

上海一間外文報社的辦公室。

8

福州路上那座塔型建築，就是著名的《時報》館。《時報》1904年由狄葆賢在上海創刊。在辛亥革命期間，《時報》館成爲革命形勢發展的信息中心，每天門口人羣簇擁，互相傳遞消息。

9

在近代中國報業界與《申報》齊名的《新聞報》，1893年在上海創刊。原爲外資，後轉爲華資，銷量超過《申報》，是經濟上最早能夠獨立的中國報紙。

10

望平街是一條二百來米的小街，卻集中了上海的幾十家報刊、出版機構，其中有像《申報》、《時報》這樣著名的報社。有人把這條街比作英國倫敦新聞出版業中心的艦隊街（Fleet Street）。

6

7

8

9

10

出版業

11

昔日雄踞上海文化街的中國三大出版
機構中，商務印書館1897年成立於上
海，由夏瑞芳、鮑咸恩、鮑咸昌、高
鳳池等集資創辦。1903年置編譯所，
張元濟、王雲五等先後任編譯所所
長。

12

與商務齊名的中華書局，1912年由陸
費逵、戴克敦、陳協恭、沈知方等創
辦於上海。

11

12

13

14

15

13
繼商務、中華之後，排名第三的近代
中國出版機構——世界書局，1921年
由沈知方創建於上海。

14
位列於上海出版界第四位的大東書
局，1916年創辦，上海大亨杜月笙曾
任董事長。

15
大東書局內的照相製版車間。

16

赫赫有名的最
高學府

16

1879年由美國聖公會所開辦的聖約翰大學（St.John's University），是上海最著名的教會學校。由培雅書院（Baird Hall）和度恩書院（Duane Hall）合併而成，初名聖約翰書院，文惠廉和卜舫濟先後繼任為校長，1906年按照美國哥倫比亞大學條例，設置完整的大學課程，並在華盛頓註冊，正式改名聖約翰大學。

17

17

前身爲南洋公學的交通大學，1896年由盛宣懷奏准淸政府後創辦。1921年改稱交通大學。先後延聘蔡元培、張元濟、馬寅初等知名學人任教，培養了大批傑出才俊，如夏衍、蔡鍔、王安等。圖爲建於1919年的南洋公學圖書館。

18

復旦大學，創建於1905年，原名復旦公學。

18

政治活動場所

19
清末上海公共租界市政廳曾是清政府
和革命黨人進行南北和議的談判場
所。

20
孫中山與黃興等人在上海討論組織臨
時政府等重大問題。

19

20

21

21

1912年，統一黨歡迎會在上海哈同花園舉行，孫中山、汪精衛、張謇、蔡元培、唐紹儀、熊希齡、胡漢民、馬君武等各黨政要員均有出席。

22

1918年孫中山在上海的寓所，當時是位於法租界莫里哀路29號（即今香山路7號）。

201

22

23

24

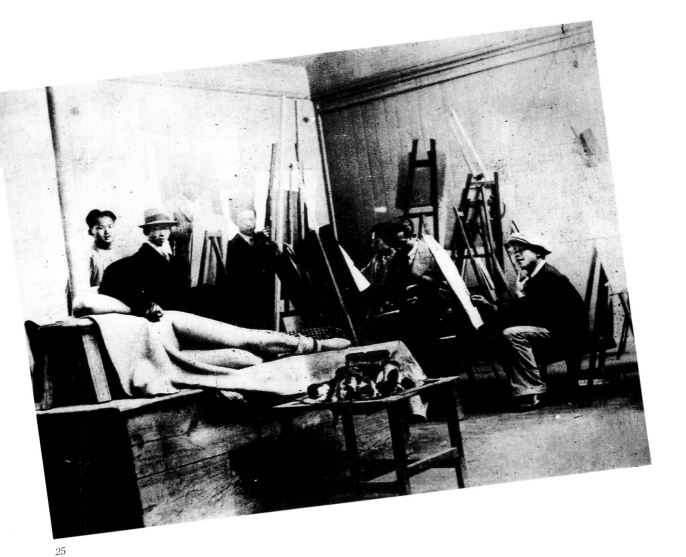

25

人體寫生風波

23
中國第一所美術專科學校──上海美術專門學校，創設於1912年，由劉海粟、烏始光、張聿光等發起。

24
1915年上海美專西畫系開始僱用裸體模特兒寫生，此事曾在社會上引起軒然大波。1920年美專又僱用女模特兒作人體寫生，招致一些保守人士更強烈的攻擊，甚至激起法律訴訟，後才告平息。此事成爲中國美術史上的著名事件。
圖爲美專西畫系與女模特兒合影留念。

25
經過一番的爭論，上海人終於接納藝術和裸體。圖爲上海畫家在進行人體寫生。

二、萬國建築

建築是第七藝術，也是形象化了的歷史。西安兵馬俑使人遙想二千年的中國；北京故宮令人追憶五百年的神州；上海街頭巷尾的各式建築，則凝聚了歐風美雨東漸之下的百年滄桑。人口的數量和城市的面積擴展了數十倍，財富和設計臻於第一流，這皆使上海有能力建造最傑出的建築。同時，各國僑民堅持建造本國的建築以保存原有的生活方式，使各種風格的建築在上海留下了標記。百年間，上海的建築風格經歷了從古典到近代側重實用的轉變過程，芝加哥、紐約蓋摩天樓的風氣在上海找到立足點。至三十年代末，上海建築的成就已經攀

上世界高峯，以其造價昂貴、材料新穎、設計趣時和式樣繁雜著稱於世。然而此後抗戰內戰頻仍，及後幾十年又脫離世界潮流，使上海的建築熱潮陡然中止，這些建築便成了憑弔當年的"萬國建築博覽會"。

上海的新式建築首先在外灘出現，剛開放通商時，外商搬來東印度公司的"大班式"建築四方通風，兩層廊式，但仿自印度的房子在上海卻宜夏不宜冬。隨着財富的積累，稍後建造的大樓馬上模仿歐洲宮廷的建築，內面裝飾豪華，外面立面雄偉，一派暴發戶的氣概。此時的建築以磚木、石為材料，留存到今日的已不多。現存的聖三一堂、英國領事館、中國通商銀行等，都充分表現了十九世紀八十年代以前上海的建築風格。

到十九世紀末，上海建造的大型商用和公共設施，因為有大量利潤和稅收支持，其豪華程度已可媲美歐美同類佳作。蓋建大型建築的工程，在二十年代登峯造極，工部局大廈、滙豐銀行新廈、海關大樓都是其中的表表者。北京、南京的民國政府建築倣自故宮，而上海的大型建築則取法於歐陸，全倣文藝復興風格，希臘式廊柱，花崗石飾料，高敞華美的中庭。

1908年起，上海電話公司大樓開始採用鋼筋混凝土結構，材料上的變革使上海的樓宇變得更高大宏偉，六、七層的建築逐漸普及。至三十年代，大型建築風格終於擺脫歐洲倣古式樣而趨向美國近代高層建築的實用風格，二十層的樓宇在外灘和南京路周圍出現。國際飯

店、百老匯大廈（今上海大廈）、畢卡第公寓（今衡山賓館）、永安新廈仿照紐約、芝加哥的現代派建築，外觀簡潔，內配完善電器設備、空調和電梯。採用了當時美國摩天樓建築式樣的國際飯店，樓高二十四層，是當時全國最高的建築，也是遠東屈指可數的豪華飯店。由於跟美國及歐洲頻繁的交流，設計師和事務所把上海變成美國以外最重要的建築創新場所。

如果說滙豐銀行大廈、海關大廈和國際飯店象徵了上海的財富、權力和發展前景，那匍匐於它們周圍的大批娛樂商業建築則如眾星拱月，烘托着這都會的繁華。幾經翻造重建，三十年代的大光明電影院、百樂門舞廳等建築均美輪美奐，冠絕遠東。外灘英國總會裏有設計豪華的酒廳，有世界上最長的酒吧櫃枱；法國總會典雅宜人。至於最富民族特色的建築則首推那些宗教建築。博物院路的猶太教堂、霞飛路西段的東正教堂、徐家匯的天主教堂等都是標準教堂的正統風格。

十里洋場的建築風格一開始便是由英美法僑民奠定的，但隨着中國政府和華商勢力的增長，在租界邊緣以至市中心區域，華式建築也漸漸出現。江灣的大上海建設計劃所建成一系列樓屋，楓林橋一帶的政府科研機構，以及教會和大學都參用中國宮廷或園林風格建造現代樓宇。如八仙橋青年會大樓、中國銀行、交通大學等中西合璧式的大型建築，翹檐疊梁大屋頂，亦平添風情。不過，這受到政府支持的民族主義思潮最終未能全面登陸洋場，即使華商資本的大新公司、永安公司、國際飯店均採用了西式設計。在外資設計事務所工作的華籍著名設計師大量出現，但多數卻追慕美國最新思潮，連法租界裏也建了荷李活式的中匯銀行。所有這些或許正說明蓬勃而繁忙的上海仍是趨慕時髦。然而，上海雖未有甚麼驚人獨創，卻時時兼收並蓄，每一座的建築物都表現了上海設計師敏銳的眼光和豐富的經驗。或許這又正是上海這座“萬國建築博覽會”的特色和存在的理由。

舊上海的著名建築選列

建築名稱	建築年代	地點	現今之名稱
上海跑馬廳	1842	泥城浜以西、靜安寺路 （今南京西路）	人民公園
上海跑馬廳總會大樓	1842	黃陂北路	體育宮、上海圖書館
徐匯公學	1849	徐家匯漕溪路	徐匯中學
聖三一堂	1869	漢口路、江西路	黃浦區政府所在地
英國領事館	1873	外灘（中山東一路33號）	上海外貿局
格致公學	1874	福州路	格致中學
楊樹浦水廠	1881	楊樹浦路	楊樹浦水廠
聖約翰大學	1890	極司非而路（今萬航渡路）	華東政法學院
中國通商銀行	1897	廣東路外灘	長江航運輪船公司
法國公董局總董住宅	1900	畢勛路79號（今汾陽路）	上海工藝美術研究所
徐家匯氣象台	1901	徐家匯	上海氣象局
匯中飯店	1906	南京路外灘	和平飯店南樓
禮查飯店	1910	黃浦路15號	浦江飯店（上海證券交易所）
徐家匯天主堂	1910	徐家匯	徐家匯天主堂
永年人壽保險公司	1910	廣東路、四川路	上海市輕工業局俱樂部
亞細亞火油公司	1913	延安路外灘	上海冶金設計院
中法學堂	1913	敏體尼蔭路、壽寧路 （今西藏南路、淮海東路）	光明中學
先施公司	1915	南京路、浙江路	上海時裝公司東亞飯店
永安公司	1918	南京路、浙江路	華聯商廈
工部局大廈	1919	江西中路、漢口路	上海市勞動局、民政局等
滙豐銀行（新廈）	1925	福州路外灘	上海市人民政府大樓

建築名稱	建築年代	地點	現今之名稱
宏恩醫院	1926	延安西路	上海華東醫院南樓
新海關大樓	1927	漢口路外灘	上海海關
金城銀行	1927	江西中路、福州路	交通銀行上海分行
沙遜大廈	1928	南京路外灘	和平飯店
嘉道理住宅	1928	延安西路	上海市少年宮
華懋公寓	1929	蒲石路、邁爾西愛路（今長樂路、茂名南路）	錦江飯店北樓
東方飯店	1929	西藏中路	上海市工人文化宮
青年會大廈	1929	西藏中路	青年會大廈
東正教堂	1931	亨利路(今新樂路)	東正教堂
中匯銀行	1934	愛多亞路(今延安東路、河南路)	上海博物館
百老匯大廈	1934	北蘇州路外白渡橋北塊	上海大廈
國際飯店	1934	靜安寺路、派克路（今南京路、黃河路）	國際飯店
都城飯店	1934	福州路、江西路	新城飯店
大新公司	1934	南京路、虞洽卿路(今西藏中路)	中百一店
佘山天主教堂	1935	佘山	佘山天主教堂
中國銀行	1937	黃浦灘路(今中山東一路23號)	中國銀行上海分行
馬勒公館		陝西南路30號	共青團上海市委辦公樓
猶太教堂		博物院路	已拆除
西僑青年會		南京西路	上海市體育運動委員會
新新公司		南京路	市食品一店
金門飯店		南京西路	華僑飯店金門大酒店

萬國建築博覽會

26

27

28

29

30

31

仁記洋行大樓，圓錐形屋頂，窗間牆
上均用希臘古典柱式作裝飾，為當日
流行的建築樣式。

32

英商企業亞細亞火油公司（Asiatic
Petroleum Co. North China Ltd.），
開辦於1907年，主要經銷進口石油。
外形為巴洛克式風格，柱以愛奧尼克
式為主，底層拱圈用鎖石，外牆用石
面磚。

33

百老匯大廈，在外形上採用了當時剛
剛興起的現代摩天大樓樣式，體形呈
八字，盡量利用朝南方向，以適應上
海的氣候條件。

31

32

34

35

34

青年會大廈，由中國建築師李錦沛、范文照、趙深設計。其屋頂是中國宮殿建築式樣，飾以玻璃花瓦。

35

位於狄思威路（Dixwell Road）的日本餐廳。純粹的日本式建築。現已不存。

36

1926年創立的宏恩醫院（The Country Hospital），是當時上海設備最完全的醫院。

37

38

37

法國公董局總董的住宅，倣歐洲古典宮庭式建築，甚具氣派。

38

上海著名猶太巨商埃黎‧嘉道理（Elly Kadoorie）的寓所，佔地一萬五千平方米，耗費一百萬兩白銀。十八世紀歐洲皇宮式樣，外表貼面和室內的裝飾多用大理石，上海人稱其為大理石大廈，為昔日上海最華麗的寓所之一。

39

北歐住宅風格建築的馬勒公館，充滿了挪威童話的色彩。

39

40

徐家匯天主教堂，爲上海最大的天主
教堂，又稱徐匯大堂。塔頂爲淡灰紫
色的石塊瓦，塔尖離地約十七丈。敎
堂爲法國高直式的單體建築，巍峨雄
偉，呈現着濃厚的宗教氣氛。

41

徐家匯天主教堂內部建有拱頂，堂內
有大小楹柱64根，一根大柱子由10根
小柱子拼合而成，都是用金山石精刻
細鑿。

40

41

42

43

44

217

42
東正教堂，典型的古俄羅斯式教堂，
具濃厚俄羅斯教堂的氣氛。

43
位於博物院路的上海最大的猶太教
堂。

44
位於虹口乍浦路的日本佛寺——本願
寺。

三、紙醉金迷

上海號稱“東方不夜城”，隨着城市商業經濟的發展，市民的消費熱情日益高漲，娛樂事業也因而相應繁榮起來。上海所處的江南地區，在明清時代原來就是一個笙歌曼舞、燈紅酒綠的繁勝之地；加上開埠以後西式娛樂事業不斷輸入上海，益發使上海的娛樂生活顯得豐富多彩。

對一般市民來說，遊樂場是他們最熟悉的娛樂場所。最早的遊樂場是利用樓房的屋頂建成，其中設有觀景、喝茶、聽書、打彈子、哈哈鏡等消遣活動。1917年，佔地六千多平方米、建築面積一萬四千七百多平方米的大世界落成。大世界娛樂活動豐富，場地寬廣，在遊樂場中獨領風騷，“白相大世界”也成為上海市民和外地遊客的娛樂方式。

戲院也是上海市民經常進出的消費娛樂場所。海派戲曲贏得了廣大的觀眾，戲院成為當時戲曲搬演的理想場所。當日僅上海一地，已有戲院一百幾十所，觀眾席位總數達十萬以上，有關戲曲的娛樂報刊也不下幾十種。除了戲曲外，上海電影業的發展也極為蓬勃。最初中國人將西洋電影稱為“影戲”，就是因為它與中國的“燈影戲”有些相似。電影自1896年傳入上海，以後數十年，發展一日千里，電影製片公司、電影院不斷成立，巨片一部接一部，影壇上羣星閃爍，上海也因而贏得了“東方荷李活”之美譽。

隨着華洋雜居以及中西生活在上海的進一步融合，也改變了上海人的消遣娛樂方式，西方的娛樂方式擴展到整個上海社會中。1850年租界內舉行了第一次交誼舞會，此後這項活動從外僑經教會學校的學生而普及於社會，舞會成為上海追逐新潮的年青人所喜愛的娛樂。三十年代，上海建成了許多一流的舞廳，外僑的消遣娛樂也不用再局限於外國總會，當時的百樂門、大都會、仙樂斯等舞廳，規模之大，陳設之豪華，在遠東絕無僅有。由外僑帶來的酒吧、咖啡館也是當日上海市民消遣的時尚。霞飛路兩旁、法國梧桐樹蔭下，一家家咖啡館、小酒吧，情趣盎然，令人想起巴黎的香榭麗舍大街。外國人在上海完

全過着他們熟悉的生活，他們可以去蘭心大戲院欣賞西洋話劇，也可以到大光明電影院觀看荷李活的電影。外僑還能在上海參加諸如划船、足球、游泳等現代競技體育活動，所以上海有許多這類的運動協會和運動隊。

由西方人傳入的最大型娛樂活動莫過於跑馬。1850年外僑就在上海開闢了第一個跑馬場。1862年又在西藏路、南京路闢建了更大的跑馬場，上海人習稱"跑馬廳"。上海市民原不關心跑馬，但馬賽博彩中獎的巨額獎金，讓許多人為之心動，越來越多的市民對之感興趣，以致在弄堂口的烟紙店，都有十元一張的跑馬彩票出售。儘管每次中彩的人很少，但上海人不肯放棄任何一絲發財的希望。曾經有一個上海人臨終給他的兒子立下了這樣的遺囑："飯可以不吃，香檳（英語冠軍的音譯）票不能不買"。姑勿論這是否真確，但也反映了上海人發橫財夢的一種心態。因此，每逢賽馬時節，人羣亢奮喧鬧，"上自士大夫，下及負販，摩肩接踵"，擁擠非常。除了賽馬，上海市民對逸園跑狗、回力球場等賭博性的娛樂活動，也極為沉迷。不少人為此傾家蕩產，但因為賽狗賽馬而飛黃騰達的，也大有人在；昔日賞賜洋行的馬勒兄弟，就是以此而起家的。

蓬勃的娛樂事業無疑將上海點綴得五光十色，但也衍生了很多社會問題。黑社會勢力操縱的烟、賭、娼等不良的娛樂場所，在上海大量滋生；而暴發戶的揮霍縱慾，也成為社會道德的腐蝕劑，上海為它的繁華確實付出了沉重代價。

大世界

位於洋涇浜西新街（今西藏中路）的大世界，是上海最著名的遊樂場，1917年黃楚九在法租界當局支持下籌資建造。大世界佔地1.5萬平方米，內設許多小型戲台、電影院、商場、餐館，每天可容納遊客約達二萬餘人次。

45

45
1917年初建的大世界。

46
1919年以後大世界經過了較大規模的改建。

47
大世界的遊樂場是當日上海市民消遣的場所。

46

47

電影世界

上海是中國電影初生以至勃興之處，看電影自然是上海普羅大眾的流行娛樂。

48

大光明（Grand）電影院是三十年代遠東最豪華的影院。耗資一百萬元興建，其建築華貴、設備先進、環境舒適，在遠東首屈一指。

49

被紐約日報譽為亞洲"洛克賽"（Roxy）的南京大戲院，位於愛多亞路（Edward Ⅶ Road），1930年建成。其建築十分豪華，砌以大理石。同時為適應有聲片，場內音響設計非常講究，並配備空調。現為上海音響廳。

50

位於日本僑民聚集區域虹口區的東和館，是專為日本僑民而設的影院。

48

50

49

221

51

52

51
專映美國派拉蒙公司有聲影片的光陸
電影院（Capitol），位於博物院
路，1928年開幕。1933年被蘭心大戲
院收購作爲蘭心分院，現爲上海外貿
禮堂。

52
1928年在上海街頭的美國派拉蒙影片
公司的廣告。

53
早期在上海拍電影的場面。

223

53

54

中國電影無聲片時代，上海最著名的女演員阮玲玉，擅演不同類型、不同性格的女性角色。她所主演著名電影包括"故都春夢"、"神女"、"新女性"等，其精湛的演技在西方電影界，更贏得"中國的嘉寶"之美譽。

55

昔日在上海名噪一時的中國影后胡蝶，六十年代登上"亞洲影后"的寶座。從默片到有聲片，由國語片到粵語片，胡蝶風靡了中國的影壇。

54

55

56

56
明星影片公司是舊上海的三大製片公司之一。

57
天一影片公司。

58
聯華影業公司。

57　　　58

59

60

博彩

大都市常是小市民尋找機會的地方，其中一個途徑是賭博。

59

上海跑馬廳，始建於1862年，早期在上海跑馬廳舉行的跑馬賽事，吸引了不少馬迷。

60

二十年代的跑馬廳，已成為大賭場、銷金窩。賽馬名目花樣百出，有所謂"香檳賽"、"餘興賽"、"初學騎馬賽"等，參觀和投注的人都非常踴躍。從1920年至1939年間，為跑馬廳帶來了一億五千萬元的盈利。

61

跑馬廳又有"搖彩票"、"香檳票"等發售，為上海市民編織了發橫財的美夢。圖為當時上海跑馬廳搖彩票部的告示。

62

以狗追電兔先到終點者為優勝的跑狗比賽，其刺激程度不下於賽馬活動。舊上海的跑狗場是分別位於華德路南側（今長陽路）的明園跑狗場，和位於今復興中路、陝西南路的逸園跑狗場，吸引了不少嗜好賭博的市民，是昔日上海其中一種熱門的娛樂活動。

SHANGHAI RACE CLUB
NOTICE
MEMBERS CASH SWEEPS
PRIZES DUE TO DRAWERS OF PLACED PONIES WILL ONLY BE PAID AFTER THE NEXT RACE HAS BEEN RUN. (E.G. PRIZES PAYABLE ON THE 3RD RACE WILL NOT BE PAID UNTIL THE WEIGHING OUT BELL FOR THE 5TH RACE HAS BEEN RUNG).
PRIZES DUE TO DRAWERS OF UNPLACED STARTERS WILL BE PAID AFTER 15 MINUTES HAVE ELAPSED FROM THE TIME PLACED RIDERS HAVE WEIGHED IN.
BY ORDER OF THE STEWARDS.

搖彩票部
通告
凡中頭二三獎之搖彩票必須隔離一次賽馬方可領取彩金（倒如於第三次中彩者必俟至第四次賽畢後方可領取）
平常小彩（即搖出而未得位置者）在賽畢十五分鐘後即可照付
奉董事命亞而生示

61

62

63

64

65

時髦消遣

近百年裏上海的生活確實發生了極大的變化，昔日在茶館內品茗已成歷史陳迹，到咖啡館、酒吧聊天才是時髦的消遣。

63
清末上海茶館。

64
近代上海的咖啡館。

65
富有異國情調的上海酒吧。

66

67

68

夜夜笙歌

66
專向西僑開放的跳舞場——聖安娜舞廳，位於昔日上海靜安寺路斜橋街口（今南京西路、吳江路口），充滿異國風情。

67
位於昔日戈登路（Gordon Road）的大都會花園舞廳（今為靜園書場），是舊上海四大跳舞場之一，陳設華麗，紙醉金迷，夜夜笙歌，曾是不少大亨、闊少爺流連忘返之地。

68
位於南京路大東旅社樓上的大東跳舞場。

69
號稱"孤島"時期最豪華的仙樂舞廳（Ciro's）夜景。座落在靜安寺路近跑馬場附近。

69

70

71

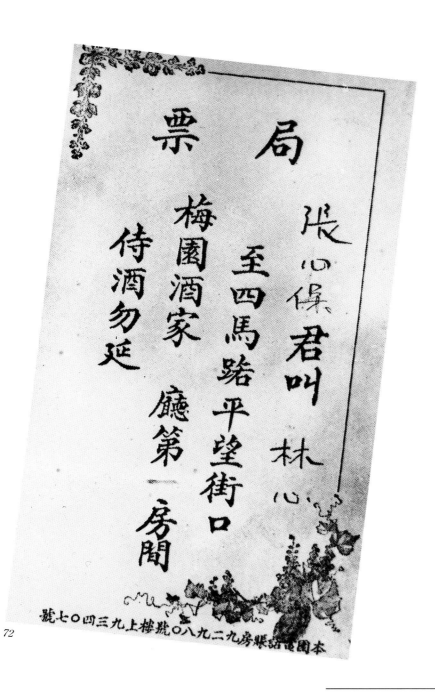

局

票

張心倌

君叫　林心

至四馬路平望街口

梅園酒家　廳第一房間

侍酒勿延

號七〇四九上樓號〇八九二九房賬站電園本

72

70

清末的名妓。

71

在汽車、轎子盛行之前，上海妓女出
堂會是由龜奴扛在肩上而行的，這是
當時滬上奇景之一。

72

邀請妓女陪座侑酒，謂之"叫局"，
客人要開出局票通知妓女，圖為"局
票"。

73

73

二十年代初上海地位較高的妓女——
"女校書",寄寓在"書寓"(妓
院),為人侑酒伴唱助興,初期都是
賣唱不賣身。

74

舊上海的色情娛樂場所——女子按摩
院。

75

土耳其浴室。

74

76

繁華背後

上海充滿了機會，也充滿
了不平等，貧富懸殊。

76
大亨、闊少居於華廈巨宅，但剛剛進
入上海的難民，卻只能蹐身於破陋、
狹小的棚戶。

77
在貧富懸殊的上海，不但有所謂"紡
織大王"、"香烟大王"，也有靠討
乞爲生的"乞丐大王"。

78
清末上海這類平民賭博的攤檔，是流
氓、地痞流連聚集的地方。

79
昔日上海鴉片泛濫，吸食鴉片已成風
氣。

80
癮君子吸食鴉片所用的鴉片燈槍。

77

78

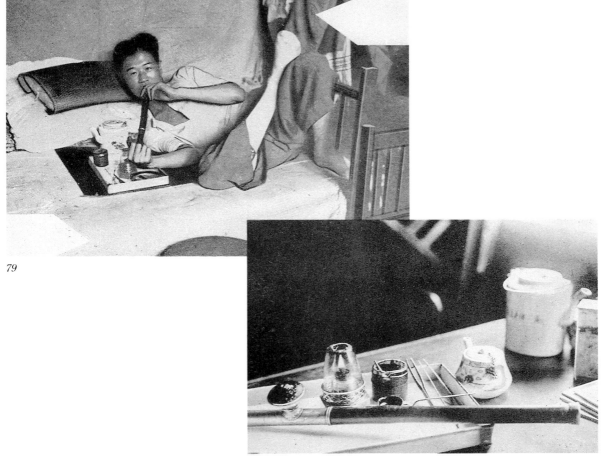

79

80

81

81
清末的監獄。

82
清末犯人。

83
清末犯人。

82

83

四、海上時髦

二十世紀二、三十年代，上海
與紐約、倫敦、巴黎同躋身於世界
最著名的城市行列。這固然是由於
上海的經濟發展在本世紀突飛猛
進，但更重要的是，處於東西方文
化的交融中，上海形成了自己獨具
魅力的生活方式和都市個性。近代
上海也許是中國最能趕上世界新潮
流的地方，上海人就有一個常用的
詞叫做"時髦"，而最令他們引以
自豪的，也正是那種開放、時髦的
生活方式和生活態度。

隨着現代化城市設施的普及，
上海人很早便開始享受現代設施所
帶來生活上的便利：1865年上海已
有煤氣，1881年設立了最早的電話
局，1882年起有了電燈，1884年開
始供應自來水。1901年，汽車首先
由匈牙利人李恩時（Lainz）輸入
上海。到二十世紀初年，上海的現
代化設施大體上與世界先進城市同
步。

不過，上海的時髦更體現於上
海人如何享受日常生活、衣食住行
的趣味，就拿上海人的穿着打扮來
說，開埠初期，上海人的打扮常被
認為是非常粗俗的：新興的暴發戶
鮮衣艷服招搖過市，而逃難的舊貴
族卻衣衫襤褸流落街頭；有錢的缺
乏品味，有見識的卻囊中羞澀。二
十世紀以後，上海市民生活水準提
高，在穿着打扮上也形成了自己的
品味。百貨公司各種進口名牌成
衣，為上海人樹立了世界潮流的樣
板。一些外僑開設的服裝店，如靜
安寺路的西比利亞皮貨商店、霞飛

路的啟發西服店等，更直接向上海
人展示了世界的時髦樣式。

不過，聰明的上海人更善於結
合本地的氣候和生活環境，根據中
國人的身裁特徵，創造出更適合自
己的服飾。上海市民訂做服裝多於
買成衣，因為上海集中了全國最優
秀的裁剪人才。原來在江南專門製
作宮廷服裝的師傅，晚清以後紛紛
前往上海開設服裝店；上海許多服
裝師，尤其是一批寧波籍的裁縫，
從為外國人縫補、拆洗西服開始，
很快掌握了製作全套西裝的手藝，
成為聞名上海灘的"奉幫裁縫"。
因此，由上海師傅縫製的戲裝行頭
更是全國聞名，"海派戲裝"也推

動了海派戲曲的發展。當時一些著名的京劇演員，如楊寶森、梅蘭芳、荀慧生、尚小雲、馬連良、程硯秋等，都在上海訂做戲裝行頭。上海的服裝名店如培羅象、鴻翔等，都是以為顧客訂做服裝出名的。鴻翔時裝店專門訂製高級女裝，以選料講究、精工細作聞名。1946年，英國女皇伊麗莎白二世也慕名在這家商店訂做了一套珍貴的晚禮服。

上海人在培養打扮品味的同時，一批社會明星的時髦妝扮也成為當日上海時髦生活的展示和示範。早期這類社會明星包括名妓與名優，所謂"男則寬衣大袖學優伶，女則靚妝倩服效妓家"。他們的裝束往往成為市民仿效的對象。二十年代起電影明星以新的魅力領導着上海的時髦風氣。他們經常出現於各種生活、娛樂雜誌的封面上，成為大眾崇拜仰慕的偶像，對市民的生活、衣着產生了很大的影響。還有不少有名的交際花、女明星所開設的珠寶首飾行或服裝店等，更成為直接指導市民的形象設計。其中最成功的要數早期電影女明星王漢倫，她開設的時裝店在當時頗有號召力。新新公司附設的雲裳舞廳則以當時正在走紅的電影女明星陳雲裳為號召，老闆並且別出心裁，請陳雲裳剪綵，一時之間許多影迷紛紛捧場，舞廳生意極佳。

三十年代起，以工商界為主體的新豪門富族、上流社會逐漸形成，而且許多工商界巨子的子女大多留學歐美，他們的生活方式、言行舉止，為趨慕新潮的青年人所崇尚。這些名門閨秀、富家子弟，為上海人提供了更高的生活標準。他們講究名牌精品，首飾必出自裘天寶、老鳳祥，帽子裝束要用盛錫福，皮鞋則非小花園、鶴鳴、藍棠不可，而化妝品不是老妙香就是進口的名牌貨，當然還加上花園洋房、名牌汽車等。在耳濡目染的情況下，上海市民對生活的細節都更加考究起來，難怪昔日的上海是全國潮流的指標，名牌老店的集中地。

84

現代化生活

84
前身爲楊樹浦發電廠的上海電力公司，爲遠東第一發電廠。

85
上海最早的自來水公司——英商自來水公司，於1881年在二擺渡橋南興建水塔，並在橋上敷設水管，從此該橋被稱爲自來水橋。

86
清末上海消防隊在撲滅外灘中國通商銀行大樓的火災，當時的消防設施已頗爲完備。

85

86

87

88

87
上海街頭的黃包車。黃包車是1874年
3月24日由法國商人米拉（Menard）
從日本輸入上海的。

88
1903年匈牙利人李恩斯從歐洲帶來了
兩輛汽車，是為上海有汽車的開始。

89
1908年上海開始有有軌電車行駛，交
通工具的改進，不但加速了上海的發
展，也改變了上海市民的生活方式。

90
汽車傳入上海後，很快成為時髦的代
步工具，乘坐汽車成為新潮、富裕的
象徵。這是三十年代的上海出租汽車
公司，展現了一種嶄新的生活方式。

89

91

92

服飾流變

91

晚清上海平民女子的裝束。

92

晚清平民男子的服飾。

93

馬車盛行於清末民初。上海馬車夫的
制服為頭戴纓帽，身穿箭衣，頗像滿
清官服。

94

95

94

舊日上海郊區農婦的衣著。

95

民國初年上海男孩的裝束。

96

初到上海不久的絲廠小女工,她們的
妝扮已經很快跟上了都市的潮流。

97

上海師傅擅長縫製戲裝,知名全國;
當日穿上戲裝拍照,已成為一種時
尚。

96

97

98

99

100

101

102

103

鴻翔時裝店是上海第一家女西裝店，創辦於1917年，也是上海最著名的女式時裝店。蔡元培一生很少為商店寫招牌，這家時裝店的招牌為蔡所寫；多年未用，現始掛出。

104

位於靜安寺路斜橋弄附近的雲裳公司，是舊上海首屈一指的女式服裝店，由當時滬上美術界名人江小鶼、邵洵美和名交際花唐瑛、陸小曼合資開辦，所以該店的服裝具有獨特的藝術風采，並首創以時裝模特兒做示範。

105

開設於南京路的裕昌祥，是專門縫製男式西服的名店。

106

名門淑女、交際花、影星光顧的高級美容院。

107

昔日"上海小姐"的選舉，為不少少女編織了成名的美夢。

103

104

105

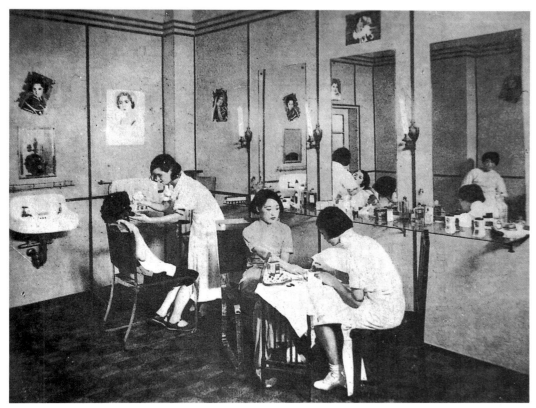

106

107

上海帶一"海"字。一提起上海，人們總先想到這個海。事實上，上海的確靠水爲生。靠優越的地理條件，上海由漁村而漸成市集，漸成重要的商業城市。

海可以看成上海的代名詞，海派更成爲上海文化現象、社會生活、飲食起居的總稱。簡而言之，所謂海派，應該是開放性的別稱。三十年代在京海派文化之爭時，魯迅説："北京是明清的帝都，上海乃各國之租界。帝都多官，租界多商，所以文人之在京者多近官，沒海者近商。近官者在使官得名，近商者在使商獲利，而自己亦賴以糊口。要而言之，不過京派是官的幫閒，海派是商的幫忙而已。"魯迅此言，無非極而言之，語過概括，難見總體。這裏應該注意到上海海禁大開後的特殊格局，那就是西方文化大量東漸，都是通過上海而輻散於全中國。所謂西方文化，包括了器物、制度與意識諸層面。它們首先進入上海，與傳統文化在上海撞擊。上海成了西方文化輸入的窗口。所謂海派，正是在中西文化撞擊並相融下的特殊產物。它不中不西，亦中亦西，與西方有同有異，與傳統亦有異有同。它是中西文化匯合的產物，是城市商業社會的產物，慨乎言之，融合進取四字庶幾近之。正因此，它亦不免趨於庸俗，然更切於實用。

海派，已經不限於文化形式。海派，應是一種風格，所包羅者至廣。

一、海派文化

　　人們總是用"海派文化"來表明上海文化與中國其他地區文化的區別，然而"海派文化"究竟包括甚麼涵義，卻一直眾說紛紜。其實，上海文化中最值得注意的是它建立了發達的市民大眾文化，而這種大眾文化則是建立在近代商業化的基礎之上。

　　在海派文化膾炙人口之前，一批海上文人業已興起。清末，江南一批文人陸續來到上海。他們初來時，和傳統文士沒有兩樣，聖經賢傳，科舉功名，詩酒風流，文人雅趣。然而，這裏已是洋場，已是與傳統城市不同的商業社會。王韜除了在青樓吟唱，很快和洋人打交道，進而受僱於傳教士，漸知西學。除了傳統的經世之學，馮桂芬、沈毓桂漸明西政西學。李善蘭在上海從事西書譯述，大顯身手。蔣劍人、龔孝拱更和洋人結下不解之緣。他們應時而興，一時引人注目，可以說是海派文人的先驅。

　　"海派"一詞，較早見之於文字的，在同光年間。時人對一批寓居上海，賣字鬻畫的畫師畫匠名之曰"海上畫派"，或簡稱"海派"。當時，趙之謙、任伯年、虛谷等人的畫筆逸出傳統的"四王"遺風，自成一家。而吳友如等人全不守家法，面向市場，畫洋樓、作美女、繪風俗圖，雅者斥之為俗，但就是這種世俗畫使生計大開，吸引了一大批畫家趨之若鶩。以後，"海派"之稱又蔓延到京劇、文壇。

　　雖然當日京戲在北京靠着一些貴族有閒階層的捧場，也能生存，但面對上海劇場激烈的競爭和營業的潛力，要在上海站住腳，傳統京劇在上海就得大力改革。於是改良京劇大盛，北京名角亦非來上海跑碼頭不可。清末以後，上海的京劇舞台不僅比北京熱鬧，而且對社會的影響也更廣泛。文壇的情況，大抵亦如此。清末江南戰亂頻仍，逼使大批江南士子流離滬上。在江南時，這批人或靠政府供養，或依食貴族和鹽商，一旦跑到上海這樣的商業社會，他們便感到不能適應。尤其在戰亂之際，謀食為上，他們也就顧不得考慮"夷夏大防"，紛紛受僱於上海的傳教士。傳教士擔負着傳播西方文化的使命，他們薦引給中國文人的都是文化傳播媒介機構如書局、報館、譯書館等的工作。這批文人從起初依賴洋人，到逐漸自己獨立創辦報刊、出版社，或者成為自由撰稿人，終於成了近代上海第一批職業文人。由於他們掌握了大眾傳播媒介，因此他們的情趣也深刻地影響了剛剛形成的大眾文化。小報、副刊、武俠、言情……一整套市民通俗文化的模式建立起來。其中，鴛鴦蝴蝶派後來更風行一時。

　　所謂"海派"，開始時是一些縉紳階層、舊貴族對上海那種雅俗嬗變的文化趨勢的一種貶稱，多少有些"不正宗"、"野路子"的意思。後來漸漸成為上海人的自嘲、自況，由貶義而轉為中性詞。而且海派所指涉的含義和範圍，也逐漸變得更寬泛了。從二十年代開始，金融、工商業界玩票成風，各種俱

玩票的目的是爲了表現生活的瀟灑大度和奢華。外幫商人在上海人生地不熟，資本又少，故一般都兢兢業業，質樸敦厚，這就把上海商人與外幫商人區別開來，前者便被稱爲"海派"。於是，海派超出了文化上的意義，進而指一種生活方式和生活態度。當時上海聞人杜月笙更被稱爲"海派"人物之典型。對於這位大亨的作風，時人都有不同的看法；傾慕者稱其風流瀟脫，謾罵者稱其世故刁滑。上海市民見他一擲千金排解糾紛，越發覺得他"會做人"。外界人見他如此弄小伎倆，趨炎附勢，便攻擊他大盜巨奸。杜月笙的經歷和性格代表了上海下層市民的發迹過程，投射了許多貧寒者的願望和期待，"像杜先生那樣"不僅成爲當時一個龐大階層的口號，也反映了上海社會的一個重要側面，賦予上海社會文化以別具一格的特徵。

上海人從不忌諱講"海派"，而且廣泛運用於市民生活中。於是那種不入川揚粵京菜系，也不屬本幫菜（即具上海本地特色的菜系），中西混合、各幫兼收的烹飪法，被命爲"海派菜餚"；那種參照最新海外來樣，用細針密綫縫製，有東方風韻，西方人也愛穿的西裝，被稱爲"海派西裝"；甚至連玩盆景藝術的人，也稱自己的山石花木爲"海派盆景"；上海獨有的石庫門房子被稱爲"海派民居"……總之，在上海人眼裏，"海派"終於成了博採衆長、不拘一格、大膽創新的象徵，也成了上海地方色彩的代表。

樂部、社團成員都討論"京海"問題。當時，實業界已成爲上海社會的主流力量，他們對市民所造成的影響很大。上海萬商雲集，江浙籍爲土著，粵、閩、津、漢、魯被認爲客幫，各地商人都有經營的特色和風格。但總體來說，江浙"文"而外幫"質"。商人玩票多江浙人，虞洽卿、王一亭、穆藕初、杜月笙、王曉籟、袁履登這些海上聞人，都是票場好手和熱心者，他們

海上畫派

1

任頤（1840－1896）本是浙江紹興
人，中年寓居上海，賣畫爲生，所畫
宗法陳洪綬、華喦，其山水、人物、
花鳥、走獸無不精妙，是海上畫派代
表人物。圖爲任頤所畫《鷹圖》。

2

虛谷（1823－1896），原籍安徽歙
縣，客居揚州，僧人，俗名朱懷仁。
是海上畫派代表人物。圖爲虛谷所畫
的《枇杷圖》，現藏上海博物館。

1

出茶春三月兆州非盦
庚午附年九十有二

259

2

3

海派戲曲

3

上海著名滑稽演員鮑樂樂（左）、江
笑笑（右）在演出。

4

上海彈詞名家楊星槎。

5

位於福州路的丹桂第一台，創立於
1884年，是上海較有影響的京戲演出
場所。王鳳卿、梅蘭芳、周信芳、馮
子和、王鴻壽，馬連良等名伶均曾在
此演出，1928年因房屋年久失修而拆
除。圖爲丹桂第一台的演出戲單。

6

京戲名伶梅蘭芳。

4

5

6

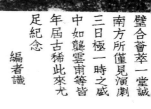

近代上海繁華錄

262

7

9

璧合薈萃一堂誠
南方所僅見演劇
三日極一時之盛
中如龔雲甫等皆
年屆古稀此來尤
足紀念
　　編者識

杜府堂會

民國十九年曆十一月廿六日

高慶雪　曹毛包　林樹森　白玉覺　呂君慧　童舒良　蓋天叫　雪艷琴　麒麟童　譚英富　王鳳卿　梅蘭芳

蕭長華　姜妙香　張春彥

板坡　雪擁藍關　知遙路　打鼓　罵曹　十字坡　蘇三起解　開山王府　定城山　取都

8

後排立者

第三　程艷秋
第四　郭焌青
第五　尚小雲
劉宗揚
第六　譚富英
藍月春
第七　馬連良
李萬春
第八　言菊朋
金仲仁
第九　譚小培
芙蓉草
王少樓　李吉瑞
第十　龔雲甫
高慶奎　楊小樓
第十一　雪艷琴
郭仲衡　雪艷琴
第十八　雪艷芳
徐碧雲　王又宸
第二十　梅蘭芳
貫大元
第廿二　荀慧生
張春彦
馬富祿
第廿三

前排坐者

"像杜先生那樣"

7

上海青幫大亨杜月笙。

8

只有杜月笙有能力網羅那麼多的滬上名角來府上唱堂會。這就是上海人經常驚歎的：杜先生的面子。

9

杜月笙爲家祠落成舉行南北京劇大匯演，請了京、滬兩地幾乎所有當紅的京劇名家，可謂史無前例。上海人所謂"杜先生的面子"由此可見。

10

11

12

上海生活

10
清末上海富家在酒樓挾妓"吃花酒"
的場面。

11
街頭的拉洋片，上海人所謂的"看西
洋鏡"。

12
各地人士到上海後，很快就融入了這
個大都市，由鄉民變爲市民。圖爲南
京路上的行人。

13
上海人除了行色匆匆的上班族，也有
悠閑的逸志上海鳥市場一角。

265

二、里弄百態

里弄建築是近代上海一種獨特的城市住宅，它是上海住宅商品化的產物，適應了上海人口集中、地價昂貴、社區開發不平衡的特點。

里弄建築可溯沿自太平天國時期。太平天國戰爭期間，江南難民湧入上海，使租界內的地價暴漲，刺激了房地產的發展。原來分戶、分散自建的單幢住宅，因佔地面積大和建築成本高而顯得很不經濟。於是，租界內便出現了仿照歐洲聯排式住宅形式的木板房屋。木板房屋易引起火災，很快就被磚木結構的房屋替代。聯排式磚木結構住宅形式因佔地少、造價低而被推廣開來，成為上海里弄住宅的雛型。

里弄，上海人亦稱為弄堂，而石庫門房子是上海最著名的里弄住宅形式，上海大多數市民都棲身石庫門內，因此它已經成為上海普通人家生活的象徵。石庫門房子因大門均採用石庫門式而得名，它有老式、新式、廣式之分。老式石庫門住宅出現於十九世紀七、八十年代，它的形式脫胎於中國傳統的四合院、三合院；一般為兩層三間兩廂，或者兩間一廂（也有少數是五間兩廂的）。花崗石或寧波紅石的門框、兩扇烏漆大門，門內有小院（其實是小得可憐的天井）。樓下住處正中的一間是客堂，客堂前做六扇或八扇的落地長窗，上下有可拆卸的木檻。東、西兩面為廂房，廂房用掛落分隔為前後兩部分。客堂後是狹窄陡峭的扶梯，行走時令人提心吊膽；後面是廚房（上海人

稱"灶披間"）。灶披間上面的一間，是在上海赫赫有名的亭子間。亭子間極小，方向又差，租價最便宜，住在這裏的窮家小戶婦女，上海人稱作亭子間嫂嫂。而亭子間之所以負盛名，乃由於三十年代許多文人租用這種便宜房間，一時稱為亭子間作家。亭子間上有一個小曬台。客堂上層稱客堂樓，兩面的房間也叫廂房。

至於新式石庫門則出現於二十世紀以後，為了適應上海大家庭解體、小家庭增多的趨勢，石庫門房子由原來的三間兩廂，改為單間或雙間一廂，樓梯平台處設亭子間，房屋前面有陽台、後面有水泥曬台。1920年後，這類房屋更向高處發展，由兩層增為三層，並且改善了通風、採光環境，及安裝了衛生設備。由於上海虹口區多廣東人居住，1910年至1930年間在這一帶就出現了廣式房子。這種房子面積更加狹小，建築更趨緊密，沒有天井，主屋為單開間兩層，底層為起居室，樓上為臥室，小樓梯在房子中部。曬台與主屋連成一體。後有單灶披間，下層作廚房，上層作亭子間。在外觀上類似廣東的舊住宅，故俗稱廣式房子。又因虹口有不少日本僑民寄寓於這類房子中，也被稱為"東洋房子"。

總體而言，這種上海人稱為弄堂房子的石庫門里弄住宅，多建於熱鬧的市區。其住戶一般都是職員階層，這批人佔上海市民的大部分，因此他們實際上決定了城市生活的基調和水準。許多弄堂房子就建在大馬路邊，所以臨街的底樓一

般均用作爲店面，樓上便是店員、職工的宿舍。其他租賃弄堂房子的也多爲一般職員、醫師、敎師等，取其上、下班近便，或者較合於行醫、開業。有許多弄堂往往連成一片，如同一個小城鎮，四通八達，而又極易隱蔽。當時的革命青年，躲進了弄堂，即使鐵騎追索，也終難成擒。弄堂裏還有方便市民日常生活的完善設施。弄堂口常設有單開間的小店，上海人稱"烟紙店"，供應香烟、草紙、老酒及各種日用小百貨，二十四小時都做買賣。另外還有小食攤供應大餅油條、排骨年糕、雞粥、生煎饅頭等點心；有"包飯作"供應日常飯菜，許多單身漢、學生多在這裏搭夥包飯。

由於弄堂房子的地段好，租金相對也便宜，許多小本經營的批發、旅館、手工作坊、小工場都會擠進弄堂內，尤其是當上海小型家庭越見增多，原來較大的石庫門房子的住宅用房，都被改爲商業用房。同時，一些簡陋的文化娛樂設施，如小報館、書場、小型戲館，甚至私人電台都佔用了弄堂房子。弄堂成了一個嘈雜、熱鬧的社會，形形色色的人物，五花八門的行當，生動地展現了上海的市井百態。當日在霞飛路、馬斯南路、環龍路一帶的弄堂裏，曾經居住着很多白俄，弄堂口也因此開設了不少小型的西餐館、咖啡室，俗稱羅宋大菜館。在這裏進膳的不止是白俄，還有許多從各地來的愛好新文學的青年。他們滿懷理想和激情，卻又阮囊羞澀，只能住亭子間，吃"羅宋大菜"，因爲俄國餐館不僅

價廉，而且可以任意吃麵飽，更主要的是餐館雖具有異國情調，卻又充滿了普羅大衆的氣氛，使他們在日常勞苦的生活中，仍能懷着精神貴族的理想。儘管這些赤貧文藝青年過着非常窘迫的生活，但上海是唯一能爲他們提供發表作品或從事藝術創作的地方，上海的特殊環境使他們可以無拘無束地表達他們信仰的自由主義。赤貧文藝家的人數日益增多，逐漸形成了一種有象徵意義的生活方式，弄堂的市俗生活中也滲雜了一份激進的色彩。

上海城市的繁榮日益促進了市民生活質素的提高，本世紀二十年代以後，上海出現了新式的里弄住宅。這種住宅形式上多模仿西式住宅，居住條件改善了，而且也注意居住環境的綠化和其他衞生情況。

隨着健全的城市交通和上海市區由東向西的開發趨勢，新式里弄多建在西區，遠離鬧市，更適宜於休憩。四十年代，上海又建造了花園式里弄和公寓式里弄，這兩類住宅接近高級獨立的花園洋房和公寓式住宅，設備先進、環境優雅。上海的高級職員以及收入較豐的社會名流、電影明星紛紛遷入居住，於是這裏逐漸成爲上海居民所嚮往之地。

石庫門（舊式里弄）、新式里弄、公寓房子、花園洋房遍佈上海，五花八門，色彩紛呈，無論那種建築都不能絕對取代另一種。雖然人們欣羨花園洋房，但石庫門始終是大部分上海居民的住所，代表了上海民居的特色，也體現了上海的衆生相。

石庫門里弄

以房子大門採用石庫門得
名，上海市民大多棲身於
這類里弄。

14
新式石庫門里弄——漁陽里。

15
弄堂口的雜貨店，售買日常生活用
具。

16
擺設在弄堂口的大餅攤，早上一般居
民都喜歡在這裏購買早點。

15

16

17

18

17
弄堂口的小吃攤。

18
上海的出版物深入到里弄、街頭。

19
開設在里弄裏的律師樓。

271

19

公寓式里弄與公寓住宅

華人職員以至中產階層居所，多建於西區。

20

西摩路公寓是當日上海一般職員階層所居住的公寓式里弄，地處愛文義路（Avenue Road，今北京西路）、新閘路間的西摩路（Seymour Road，今陝西北路）。

21

華人職員的家居，反映了上海市民實惠而舒適的生活。

22

適應上海中產階級生活水準的公寓住宅西園公寓。

20

21

22

花園里弄

多建於西區環境優雅的地段，是中上階層居所。

23

花園住宅里弄上方花園，建於三十年代。住房外觀看似統一，實際建設的格局卻各不相同，裝飾講究。

24

中產階級居住的忻康花園。

25

四十年代開始興建的陝南邨，由西班牙式建築組成，舒適美觀。

23

24

25

三、南腔北調

近代上海是一個戲曲的大舞台，這裏不但匯聚了京劇、越劇、滬劇、評彈、淮劇，以及滑稽劇、崑曲、揚劇、粵劇、錫劇、紹劇等十幾個劇種，同時還搬演着徽班、秦腔、評劇、川劇等不少劇種，這種繁榮的情況在近代中國其他地方很罕見。甚至其戲曲活動，也超出了一般地方民間文藝的意義，而同整個城市的社會生活聯繫在一起，成爲上海市民生活方式的一種體現和重要部分。上海的戲曲演出，也是一種商業經營活動。三十年代，上海的劇場有一百幾十所，觀衆席位總數達十萬個以上。有關戲曲的報刊包括報紙專刊和專業性戲曲報刊，也不下幾十種。各類劇場、演出的經紀人、服務人員，圍繞每天戲曲活動的是一支龐大的職業隊伍。

上海本地沒有悠久的戲曲歷史和傳統，但隨着近代都市的發展，上海戲曲的發展也蓬勃起來。上海最早的戲園出現於1850年，當時城內縣署西南有一家茶館，首先在下午搭台開戲，兼營戲曲，取名三雅園。但上座清淡，有"五台山"之稱（五隻台子僅賣出三個座客）。三雅園在1856年左右轉移到英租界，是爲上海第一間營業性專用戲院。從此，租界內陸續興建了不少戲園，促成了上海戲曲初興的局面。最早進入上海戲園演出的是來自浙東、蘇州的崑曲和來自揚州的徽班。崑曲未能盛行，徽調的蓬勃也只維持了很短的時間，就被從北

京南下的皮簧戲奪去了頭彩。但是上海的奢靡風氣和審美趣味，大大改造了北來的京戲。京戲在上海受徽班影響更多於北方，並吸收了河北梆子的精粹，創出新派。上海的京戲不但在翻新劇目，更在演出風格上，追求華麗，重視舞台效果，如採用彩繪佈景、加入驚險刺激的表演，以至它與北京的京戲，走上完全不同的發展道路，自成一格，形成初具海派風格的南派京劇。

在二十世紀以前，上海的戲曲觀衆主要是商人士紳，戲曲成爲他們娛情聲色的消遣和社交活動。由於上海社會中商人勢力日益膨脹，戲園也成爲豪富爭奪之所。當日的戲園常設有擺滿花果、茶點的"花桌子"，招妓同觀的"叫局"成爲

有錢人看戲的常例。每當上燈時分，各戲園門前車馬紛至、綺羅雲集，異常熱鬧，也因此有人把戲園稱為"不夜之芳城，銷金之巨窟"。

二十世紀初，上海城市的社會結構發生了變化，文化娛樂也必須依靠大眾消費才能生存。過去僅僅為小部分有閒階層而設計的戲曲模式，已難再有發展。這時出現的戲曲改良運動，不只是基於政治原因，更是由於戲曲本身發展的要求。改良的目標就是要努力尋找一種能夠被普羅大眾接受的戲曲模式。

二十世紀初年出現的新劇（即話劇，又稱文明戲），在形式上更通俗，更寫實，因此在上海迅速吸引了更多的觀眾，而京戲也能及時從新劇中汲取成功的經驗，由南派而海派，贏得了廣大觀眾的支持。新劇開創了上海大眾化劇場藝術的模式，它有較固定的排演體系和類型化的題材樣式（如機關佈景的"魔術戲"、委婉曲折的"家庭倫理戲"），這一模式是在與觀眾的交流中逐漸形成和豐富起來的，既得到觀眾的認可和欣賞，同時也影響了觀眾對劇場藝術的概念。其後，上海戲曲多沿這一模式發展。海派京戲主要是發展新劇中的機關佈景魔術戲這一類型，而滬劇、越劇等則主要是繼承了其家庭倫理劇的類型。在此以前，不少戲曲都是沿自民間的，越劇是"落地唱書"；滬劇是花鼓戲，初稱申曲，尚不能形成為一劇種；錫劇不過是濫觴於山歌俚曲的灘簧。它們初進上海時，在茶園、遊樂場演出，採用的還是"一桌兩椅"的坐立唱形式。待接受了新劇的影響以後，它們才發展成為劇場藝術。

1926年2月1日，擁有三千二百個座位的劇場——大新舞台（即後來的天蟾舞台）在上海正式揭幕，這意味着近代上海的戲曲進入了黃金時期。整個城市生活的繁榮，為近代上海戲曲的勃興創造了條件。當日在中國甚至遠東的城市中，上海的劇場無論在數量、規模和設備等各方面，都是首屈一指的，為上海戲曲蓬勃的發展提供了基礎。

在上海獨佔鰲頭的現代化傳播媒介，如報刊雜誌，唱片和電台對戲曲的傳播推動，使戲曲迅速成為城市的大眾流行藝術。上海的中外唱片公司如百代（Pathe）、勝利（Victor）、歌林（Columbia）、高亭（Odeon）、孔雀（Peacock）、蓓開（Beka）、開明（Brown Swicck）等，都發行過大量的戲曲唱片，培養了大量的戲迷。1923年1月24日，上海（也是中國）第一間無綫電台開始廣播，揭開了上海廣播事業的序幕，戲曲節目隨即在電台中出現。三、四十年代，上海的私營電台超過一百家，戲曲佔電台播音節目的比重很大，頻密的播送，幾乎是強制性地將戲曲推廣到社會中，製造了流行的熱潮。

近代上海的市民階層是由各地移民構成的，各地南腔北調的戲曲薈萃上海，不但在這裏找到來自各地的觀眾，並形成了上海城市所獨有的"海派戲曲"，不管稱者用意褒貶，至少證明上海的戲曲具有融合各地文化的顯明特徵。

27

話劇流風

上海是中國話劇的發祥地,這種興起於二十世紀初的新劇,對上海戲曲的發展有直接的影響。上海外僑有自己的話劇團,而華人最早演出話劇是從教會學校開始的。

26
蘭心戲院(Lyceum Theatre),是上海西人愛美劇社(Amateur Drama Club of Shanghai)的演出場所,初建於1866年,是上海最早的近代化劇院。後經重建,圖為1935年所攝位於浦石路(長樂路)的蘭心戲院。

27
中西女塾學生在演出莎士比亞的《第十二夜》。

四大舞台

海派京劇吸收了話劇的機關佈景魔術戲，滬劇、越劇取其家庭倫理劇特色，均極受觀眾歡迎，四大舞台隨之成為主要戲曲演出場所。

28

以上演機關佈景連台京戲而著名的共舞台，創辦於1917年，原名乾坤大劇場，原屬大世界遊樂場的演出場地。1928年被上海聞人黃金榮收購，改名榮記共舞台，是當時上海的四大舞台之一。

29

1925年創建的天蟾舞台，初名大新舞台，可容納三千名觀眾，是上海最大的戲曲演出場所，主要上演京劇，幾乎所有京滬最著名的京劇名家如梅蘭芳、林樹森、馬連良等，都曾在這裏演出過。

30

1930年開幕的黃金大戲院，位於法大馬路、敏體尼蔭路，初映電影，不久改以演京劇為主。

31

明星大戲院是上海滬劇、越劇的重要演出場所。位於派克路（Park Road）、青島路口，1930年建成。現為上海交通運輸局俱樂部。

28

29

30

31

32

33

34

戲曲潮

上海現代化的傳播事業，
令戲曲潮迅速長成，戲曲
成為上海的流行藝術。

32

1923年上海第一間無綫電台啟播。戲
曲節目的播放，使戲曲家喻戶曉，造
成一股流行的熱潮。圖為上海某無綫
電台演播室。

33

戲曲在上海風行一時，中外的唱片公
司，都會邀請戲曲名伶灌錄他們的名
曲，戲曲唱片的出現，無形中使戲曲
更深入民心。

34

當日上海京劇盛行，美國喜劇泰斗差
利卓別靈來滬，京劇名伶梅蘭芳夫婦
邀請他到新光大戲院觀看馬連良主演
的京戲《法門寺》。圖為演出結束後
他們合影留念。

四、市俗民情

近代上海社會五方雜處，各地移民帶來了各自不同的風俗習慣，逢年過節，婚喪喜慶，每家每戶都有不同的方式，上海也因此活像一個民俗的博覽會。

許多外地人在未成年時，就離家來滬學做生意，闖碼頭，對於舊俗陳規所知甚少，但他們卻非常喜

歡附會遺風，途傳世尙，因爲熱鬧的節日氣氛可以撫慰異鄉客的孤寂。況且上海社會也需要一種市民大衆所認同的儀式，將來自四面八方的人凝聚一起。於是上海人就根據自己的生活特徵，創設了許多特有的節慶和娛樂的方式，並且相沿成習，蔚然成風。

上海是一個大商埠，市民商業意識特別強烈，一切歲時節日，似乎都與上海的商業活動有密切的關係。在商業的習慣上，一年三節結帳，除夕最重要。一切賒欠借貸，都應在除夕淸償，稱爲"鐵門限"。除夕時上海的市肆典當，燈燭輝煌，通宵營業直到天明。索債的人總是一隻紙燈籠明亮高懸，以示尙在除夕，還可索債。初一那天，稍富裕的人家都會攜帶妻妾同坐汽車，到郊外兜一圈，是爲"兜喜神方"，然後趕往城隍廟燒香。全市妓女則湧到南京路上著名的紅廟燒香，千人爭看，成爲一景。上海人最渴望發財致富，正月初五接財神是大家十分重視的事情。一般人家初四晚上就開始忙碌，每家都會準備一條鮮活魚謂之"元寶魚"，以討吉利。魚販往往在初四晚用紅繩扣鬐送魚上門，謂之"送元寶"，買賣雙方皆大歡喜。在商界方面，初四晚上，店東、經理都會在店內宴請全體職員，牲醴畢陳，金鑼爆竹。次晨起接財神，然後開門大吉。至於在中秋節，上海的市民盛行送禮給親戚朋友，因此，每年中秋是食品推銷的最好時刻。月餅只是點綴節序之物，其他才是"重頭"，中秋禮物中最常見的有威士

忌、白蘭地、板鴨、火腿之類。中秋節前，送禮的僕役負挾於途，亦為上海一景。

在上海歲時節慶的傳統，日益與整個城市的生活方式融為一體，城市商業的服務代替了過去一家一戶自給自足的形態。許多節日裏品嘗的點心、小吃，以前都是家人親自動手做的，但上海專門化食品生產的高度發達，迅速改變了傳統的習慣，名點精品很快就成為上海人歲時節慶必需的裝飾品。重陽節人們都喜歡喬家柵的糕點，中秋節大家都盼望有杏花樓的月餅……節日與消費很自然地聯繫起來。上海地處江南，春夏間有梅雨。梅雨過後，人們都要將衣物拿出來曬曬太陽，以防霉蛀。六月六日為天貺節，上海城內有曬袍會，以提醒居民曬衣防霉。後來，每逢此日，裁縫衣工紛紛擺出自己的拿手傑作供大家欣賞，曬袍會竟演變為裁縫展覽手藝、招徠生意的展銷會。

大量的西方僑民，也給上海的風俗人情帶來了更加豐富的色彩。外僑不僅保持着自己的宗教信仰、生活方式及各種婚喪喜慶的儀式，而且還作為一種現代化生活的樣式，對上海人的生活方式起着潛移默化的影響。新式的婚禮很快為上海青年所接受；聖誕大餐逐漸替代年夜飯，生日蛋糕擠走了長壽麵，與生日派對的氣氛更形協調……漸漸地，上海年輕一代的生活方式越見趨向國際化。於是各種繽紛燦爛的生活形態，在上海融合、共存、並行不悖，組成一幅上海城市獨有的生動圖案。

五方雜處的風俗

全國各地的人扶老攜幼從陸路、水路奔赴上海。各地移民不但使上海的勞動力源源不斷。也帶來了不同的風俗習慣。

35

坐獨輪車進入上海的移民。

36

十九世紀江南人士舉家遷入上海。

37

農曆四月初八爲釋迦牟尼生日,該日是所謂浴佛節,善男信女皆趁此前往布施香儀。每年此日上海靜安寺的浴佛節最爲熱鬧,香車寶馬,絡繹不絕,已成滬上一景。

38

農曆七月二十七日爲三官菩薩誕辰,上海市民必往寺廟進香,小販亦於路上擺攤叫賣,形成市集。圖爲當日南市之街景。

35

36

近代上海繁華錄

37

38

39

40

41

39
上海人結婚時所用的傳統花轎。

40
東新橋街的小攤販。

41
租界內竹器修理擔攤。

42
流動食攤──賣油豆腐、細粉絲、年糕的擔販。

42

43

44

45

46

購物之便

上海商業發達，市中心的商業街道，集結了各類型的專門店舖，售買不同的精品名點，迎合了上海市民的需要，給以他們極大的方便。

43

杏花樓的月餅是當日上海人在中秋節必備的禮品。

44

廣東路多的是售賣鞋、帽、襪的店子。

45

南京路的沙利文食品店，1912年由美商沙利文開設。最初只是一個食品亭子，後來發展成為聞名上海的西菜、西點、糖果食品商號。

46

歲末各商店往往掛出大減價的招牌以招徠顧客，清倉積壓物資。上海市民也趁此機會選擇合意的廉價物品。

47

48

49

娛樂

在工商業興盛的大都市生活，上海人有自己的俗世娛樂。

47

每年中秋過後，菊花盛開時螃蟹正肥，上海市民都喜吃大閘蟹，花雕配以大蟹，圍座大嚼，是當日酒肆、家庭常見的情景。

48

"打麻將"也是上海市民日常喜好的娛樂。

49

初春時節，上海市民喜歡到郊外去"踏青"，以排遣城市生活中嘈雜、緊張所帶來的焦慮。

50

上海的外國女子則騎自行車郊遊。

50

51

52

西洋風

上海的外僑傳入了他們日常的娛樂、體育活動,並且日益爲上海人所喜愛和仿效。

51

早期的上海橄欖球隊,幾乎全是外僑。

52

板球是差不多與跑馬同時開展的娛樂活動,1857年外僑在第二跑馬場中央建造了一個板球場,上海人稱爲拋球場(即今浙江路芝罘路一帶)。圖爲1911年在滬港兩地舉行板球比賽時的上海板球隊。

53

足球是在十九世紀傳入上海的。最早熱衷於足球的是一些在校學生,二十世紀初年不少上海的學校都成立了足球隊。圖爲上海華童公學隊與漢璧禮公學隊比賽的情景。

54

清末,上海人在田徑賽上參加撐桿跳比賽。

55

幼兒園的小孩在做啞鈴操。

53

54

55

主　　編：唐振常
撰　　稿：唐振常 熊月之 李天綱 許　敏
編輯成員：徐錦均 徐榮耀 湯偉康 張文勇

近代上海繁華錄／唐振常主編. --臺灣初版.
　--臺北市：臺灣商務，1993［民82］
　　　面；　公分
　　ISBN 957-05-0762-4（精裝）

　1.上海市--歷史

672.19/201.2　　　　　　　　　　　82005553

近代上海繁華錄

基本定價二十一元

主　編　者　唐　振　常
責　任　編　輯　曾慶慈　龍細玲
裝　幀　設　計　沙濤製作有限公司
發　行　人　張　連　生
出　版　者　臺灣商務印書館股份有限公司
印　刷　所
　　　　　　　臺北市 10036 重慶南路 1 段 37 號
　　　　　　　電話：(02)3116118・3115538
　　　　　　　傳眞：(02)3710274
　　　　　　　郵政劃撥：0000165-1 號
　　　　　　　出版事業：局版臺業字第 0836 號
　　　　　　　登　記　證
・1993 年 7 月香港初版
・1993 年 9 月臺灣初版第一次印刷
本書經商務印書館(香港)有限公司授權本館在臺灣地區出版發行

ISBN　957-05-0762-4（精裝）　　　　　　　b 32238